기도, 사랑의 여정

Original title: *Tratado de la oración mental cristiana*, by Manuel Ruiz Jurado, SJ
© Ediciones Mensajero 2016 - Grupo de Comunicación Loyola, S. L. U. – Bilbao (Spain)
gcloyola.com

Korean translation copyright © 2025 Catholic Publishing House

기도, 사랑의 여정

2025년 2월 17일 교회 인가
2025년 5월 14일 초판 1쇄 펴냄
2025년 5월 23일 초판 2쇄 펴냄

지은이 · 마누엘 루이스 후라도
옮긴이 · 이경상
그린이 · 권현옥
펴낸이 · 정순택
펴낸곳 · 가톨릭출판사
편집 겸 인쇄인 · 김대영
편집 · 박다솜, 김지영, 강서윤, 김지현
디자인 · 이경숙, 정호진, 강해인
마케팅 · 임찬양, 안효진, 황희진, 노가영

본사 · 서울특별시 중구 중림로 27
등록 · 1958. 1. 16. 제2-314호
전자우편 · edit@catholicbook.kr
전화 · 1544-1886(대표 번호)
지로번호 · 3000997

ISBN 978-89-321-1952-6 03230

값 18,000원

성경 · 교회 문헌 ⓒ 한국천주교중앙협의회, 2025.

이 책의 한국어 출판권은 (재)천주교서울대교구 가톨릭출판사에 있습니다.
저작권법에 의해 보호를 받는 저작물이므로 무단 전재와 무단 복제를 금합니다.

가톨릭의 모든 도서와 성물, 디지털 콘텐츠를 '**가톨릭북플러스**'에서 만날 수 있습니다.
https://www.catholicbookplus.kr | (02)6365-1888(구입 문의)

기도,
사랑의 여정

마누엘 루이스 후라도 지음 | 이경상 옮김

Tratado
de la Oración
Mental
Cristiana

가톨릭출판사

❖ 추천의 글 ❖

　이 책을 읽고 루이스 후라도 신부님과 한 달에 한 번 로마 근교의 수도원 정원에서 침묵 가운데 기도하던 추억이 떠올랐습니다. 이 책은 하느님과 대화하는 방법을 알려 주는 소중한 길잡이가 될 것입니다. 이경상 주교님, 고맙습니다.

옥현진 시몬 대주교(광주대교구 교구장)

　이 책은 교회 성인들의 가르침을 토대로 '그리스도교 기도가 본질적으로 무엇이며 어떻게 실천해야 하는지'를 배우고자 하는 이들을 위한 교육적이고 실용적인 안내를 제시합니다.
　루이스 후라도 신부님은 로마 그레고리안 대학교 영성학부에서 다년간의 강의와 연구, 그리고 수많은 사제들에게 영성 지도를 하셨고, 은퇴 후에 본국인 스페인으로 돌아가 기도 학교를 여셨습니다. 한 평생을 기도하는 사제로서 그리고 영적 지도자이자 교수로서 살아오신 경험들이 토대가 되어 그리스도교 기도에 대한 통합적인 시선과 구체성을 지닌 역작이 우리에게 선물로 주어졌습니다.
　어려운 스페인어 문장과 단어에 대한 수준 높은 번역과 각 장이 끝날 때마다 역자가 삽입한 '마음에 새기기'는 이 책 본문의 핵심에 더 쉽게 다가가도록 안내해 줍니다. 신학생, 사제, 수도자, 평신도 지도자 등 기도를 가르치고 동반해야 하는 모든 이에게 유익할 뿐 아니라, 기도의 여정을 살아가는 이에게도 깊이 있는 길잡이가 되어 줄 것입니다.

김평만 유스티노 신부(가톨릭대학교 가톨릭중앙의료원 영성구현실장)

로마 유학 시절, 학생들이 공부하는 넓은 홀에 네 시면 어김없이 등장하는 신부님이 계셨습니다. 늘 낡은 양복을 입으시고 학생들 사이를 다니며 누군가를 찾는 모습이셨죠. 그러다 당신께 영적 지도를 받는 한국인 신부를 발견하면, 오늘 공부는 충분히 하였으니 이제 함께 로마 시내 성당을 순례하러 가자고 말씀하곤 하셨습니다.

학문적 업적뿐 아니라 사제의 영적 삶의 모범을 보여 주신 루이스 후라도 신부님의 유작을, 성무로 바쁘신 가운데에도 번역해 주신 이경상 주교님께 감사드립니다.

이 책은 이냐시오 성인의 '영신 수련'의 큰 틀 안에서 십자가의 요한 성인과 예수의 데레사 성녀의 가르침을 더하여, 염경 기도가 아니라 깊은 묵상 기도로 한 걸음 더 나아가려는 이들에게 유용한 도움을 줍니다. 루이스 후라도 신부님의 평생 삶의 종합이라고 할 수 있는 이 책을 통해, 많은 분이 하느님을 인격적으로 만나고 그분의 사랑과 자비를 체험하는 은총을 얻기를 기도합니다.

민범식 안토니오 신부(서울대교구 대신학교장)

사용된 약어

AAS	Acta Apostolicae Sedis(Vaticano)
AHSI	Archivum Historicum S.I.(revista de historia de la Compañía de Jesús)
Autob	Autobiografía de san Ignacio de Loyola
CahSpIgn	Cahiers de spiritualité ignatienne(Québec, Canadá)
CE	(códice de El Escorial del Camino de perfección)
Const.	Constituciones de la Compañía de Jesús
CV	(códice de Valladolid del Camino de perfección)
DEI	Diccionario de espiritualidad ignaciana
Dsp.	Dictionnaire de spiritualité
Ej.	Ejercicios espirituales de san Ignacio de Loyola
Epp.	Epistolae et Instructiones Ignatii Loyolae
Ex.	Examen de las Constitutiones S.I.
LG	Constitución dogmática Lumen Gentium del Concilio Vaticano II
PG	Padres griegos(colección MIGNE)
PL	Padres latinos(colección MIGNE)
Manr	Manresa(revista)
MHSI	Monumenta Historica S.I.(colección de historia SI)
RAM	Revue d'Ascétique et de Mystique(Francia)

옮긴이의 글

1992년 9월 어느 날, 나를 아끼던 한 선배 신부님의 소개로 그동안 소문으로만 들었던 이냐시오 영성의 세계적인 대가大家, 마누엘 루이스 후라도Manuel Ruiz Jurado, SJ. 신부님을 뵈러 갔다. 그분의 대학 연구실로 들어섰을 때, 마주한 그분의 첫인상이 아직도 생생하다. 복장을 비롯하여 그분이 지닌 모든 것은 낡아 있었고, 구부정하고 작은 풍채는 상당히 초라했다. 그런데 잠깐씩 비치는 아주 절제된 미소와 과시욕이 전혀 없는 겸손한 목소리는 신비로운 위력을 보였다. 그 까닭에 아무런 조건 없이 오직 사랑으로 받아들이시는 예수 성심께 내 영혼을 본격적으로 열게 했다. 오직 천주 성부의 사랑만을 전하시고 당신 자신은 드러내지 않으셨던 예수님을 처음 뵙고 당시 유다 백성들이 새로운 가르침이라며 놀라움을 느꼈던 것처럼, 나도 후라도 신부님과의 그 첫 만남에서 뭔가 형언하기 어려운 영적인 기쁨과 신앙의 새로움을 강렬하게 느꼈다.

그날을 시작으로 후라도 신부님은 3년이 넘는 세월 동안, 매주 한 번씩 혼신의 정성을 쏟으시며 정화와 깨우침, 하느님과 일치 그리고 사랑 실천이라는 여정으로 이끄시는 하느님의 신비로운 손길로 나를 인도해 주셨다.

그때까지 나는 성경을 읽으면서, 영적 독서를 하면서도, 심지어 기도를 하면서도 하느님과 깊이 교제하며 하느님의 맛을 알기보다는, 그저 머리로 더 알기를 바라며 살아왔던 것 같았다. 그런 나에게 변화가 찾아왔다. 그분의 지도력이 탁월했기 때문이 아니라, 그분의 존재 내지는 삶 자체가 나를 그렇게 만든 것이었다. 그분은 진정한 모습으로 살아가는, 그러면서도 아주 신비로운 하느님의 사람이셨다. 그분이 당신을 차차 알아갈 수 있게 열어 보여 주심으로써, 나는 그 원동력이 바로 그분의 제대로 된 기도 생활이었음을 확인할 수 있었다. 그분의 일상 전체가 하느님과 동반하는 삶이었다. 생전에는 물론이고 선종하신 후에도, 여전히 나뿐만 아니라 여러 제자와 영적으로 유대하시는 그 은사님이 몇 해 전에 유작으로 '그리스도교 정신 기도'*를 소개하는 이 책을 내셨다.

---

* 그리스도교 정신 기도는 내면에서 하느님과 깊이 만나는 기도의 한 형태로, 소리 기도를 넘어 마음과 정신을 집중해 하느님과 친밀한 대화를 나누는 것이다. 성경 말씀이나 예수님의 삶, 하느님의 뜻을 묵상하며 내면의 응답을 찾아가는 과정에서 우리는 영혼을 정화하고, 하느님의 뜻을 식별하며, 일상에서 사랑을 실천하려는 태도를 형성해 나갈 수 있다. — 역자 주

나는 부족하나마 나름대로 성의껏, 그분께서 정리하고 소개하신 그리스도교 정신 기도를 이 힘한 세상을 살아가야 하는 젊은이들과 공유하고 싶다. 특히 그리스도교가 가르치는 인격신은 인류가 발명한 날조된 허위라고 단정하는 소리에 혹시라도 흔들리는 청춘들에게 이 책을 소개하고 싶다. 기도야말로 하느님께서 얼마나 우리를 사랑하시는지를 느끼며, 기대와 용기를 가지고 살아가게 하는 참 진리의 길이라고 초대하고 싶다.

좋으신 하느님께서는 설령 우리 눈에는 달리 보일지라도, 당신 사랑을 멈추신 적이 없고 늘 더 좋은 것을 주시는 분이심을 다 함께 고백할 수 있는 시대가 도래하기를 간절히 기도한다.

2025년 희년에 새봄을 기다리며

이경상 바오로 주교

이 책을 시작하며

　　기도에 관한 책은 이미 너무 많다. 하지만 나는 이 책이 오늘날 비슷한 주제의 책 중에서 특별히 구별되기를 바란다. 기도를 비롯해 개인의 영적 성장에 도움이 되는 주제를 다루는 다양한 출판물이 간행된다. 그 책들은 기도나 영적 독서의 자료가 되기도 하고, 묵상 시간을 보내는 데 사용되기도 한다. 일부는 이냐시오 기도 방법과 거기에서 제안된 영적 경험이 추구하는 목적에 어느 정도 초점을 맞춰, 영신 수련을 하고 싶어 하는 사람들의 묵상에 동반하기 위한 목적으로 만들어졌다.

　　이 책은 기도 자료를 제공하기 위한 것이 아니라, 그리스도교 기도가 실제로 무엇인지, 이를 어떻게 실천하는지 배우고자 하는 사람들을 도와주기 위한 것이다. 즉 교육적인 목적이 있으며, 연구와 경험을 바탕으로 한다. 내가 영성에 관해 쓴 많은 책 중에서 가장 큰 관심을 받은 책은 《영적 식별*Discernimiento espiritual. Teología. Historia. Práctica*》이라는 일종의 연구 논문이었다.* 그 책이 큰 관심을 불러일으킨 이유는 영적 식별이라는 주제에 관해 뭔가를 배우고 싶어 하는 사람들에게만 유용한 것이 아니라, 그것을 가르쳐야 하는 사람들에게도 도움이 되기 때문이라고 생각한다.

그런데 이 책은 기도에 관한 지식을 습득하거나 배울 수 있는 모든 것에 대해 광범위하고 완전한 정보를 제공하지 않는다. 나는 이 책에서 그리스도교 기도라는 주제를 다루며, 그리스도교 기도를 배우고자 하는 사람들을 위해 간단하고 포괄적이며 교육적이고 실용적인 안내를 하고자 한다. 그리스도교 기도가 무엇인지, 어떻게 실천하는지, 기도의 다양한 단계, 기도에 필요한 조건, 일반적으로 기도를 쉽게 하는 데 도움이 되는 것, 우리 앞에 놓인 다양한 방법 중 나만의 방향을 잡기 위해 일반적으로 알아야 할 사항, 기도 생활에 나타나는 어려움에 대응하는 방법 등을 다룬다는 말이다.

나는 이 책의 내용이 그리스도교 묵상 기도를 실천하는 당사자들뿐만 아니라, 그것을 실천하도록 다른 이들을 돕거나, 자신들의 경험을 가지고 지도해야 하는 사람들, 즉 사제, 수도자, 평신도나 신학생의 영적 지도자들, 수도회 수련자의 스승 혹은 영신 수련이

---

* Madrid BAC, 2002. 이 책은 《영적 식별》이라는 제목으로 번역되어 2002년 가톨릭대학교 출판부에서 출판하였다. 옮긴이 박일. ─역자 주

나 강렬한 영적 생활을 하는 사람들의 지도자 혹은 동반자들에게도 흥미가 있으리라고 생각한다.

이 책은 그레고리오 대학교에서 다년간의 강의와 연구 경험 그리고 개인 논문 지도 및 세미나, 그리스도교 기도 학교에서 영성 지도를 한 결과물이다. 여기에는 예수의 데레사 성녀 또는 십자가의 요한 성인의 가르침에 나타난 기도의 길에 대한 성찰이 포함되어 있으며, 특히 이냐시오 성인이 영신 수련에서 가르치는 기도 방법을 소개한다. 이 방법은 이냐시오 성인이 자신의 '영신 수련'에서 발전시킨 '렉시오 디비나Lectio divina'에서 출발하는데, 그리스도교 기도의 모든 방법을 위한 기본적인 기초에 해당한다. 이는 개인적으로 영적 삶의 다양한 단계에서 수행하는 모든 정신적 기도 유형에 도움이 될 수 있다.

하느님의 말씀을 읽고 그것을 바탕으로, 하느님께서 교회 안에서 각 사람에게 원하시는 고유한 부르심에 따라, 개인의 존재를 그리스도의 형상으로 변화시키는 데 도움이 될 수 있게, 그 읽은 바가 적절한 조건에서 기도로 바뀌도록 알맞은 조언을 하고 싶다. 그 단계와 방법은 완전하고 진실한 영적 지도자가 주목하고 따라야 할 성령의 인도하심에 의해 결정될 것이다.

루이스 데 라 푸엔테Luis de la Puente 신부[1]의 저서 《우리의 거룩한 신앙의 신비에 관한 묵상Meditaciones de los misterios de nuestra santa fe》의 서문과 르네 드 모미니René de Maumigny 신부[2]의 저서 《정신 기도의 수련

Pratique de l'oraison mentale》은 당시 매우 비슷한 목표를 시도했고 유용하게 달성했다.

나는 복되신 어머니의 전구를 통해 우리 주 예수님의 축복 아래, 기도의 여정에서 21세기 사람들을 돕고자 하는 이들에게도 이 책이 유용하기를 바라면서, 나의 이 개인적이고 소박한 노고를 바친다.

머리말

기도란 무엇인가

기도, 인간의 열망

기도하는 법을 배우려는 열망은 우리 시대 많은 사람의 내면에 존재한다. 내가 세비야Sevilla에 '그리스도교 기도 학교'를 설립하겠다는 의사를 밝힌 이후, 이 학교의 수업을 듣고 싶어 하는 사람들에게 많은 전화와 이메일을 받았다.

하느님과 소통하려는 인간의 열망은 조각상, 봉헌물, 제단, 성전, 불을 밝힌 양초, 감사나 청원의 표시, 희생이나 기도 등 다양한 방법의 고고학적 증언으로 기록되었다. 아주 먼 옛날부터 인간을 능가하고 초월하는 현실과 어떤 식으로든 소통하려는 인간의 욕망을 표현하는 징후가 우리에게 전해진 것이다. 때로는 이러한 욕망이 매우 바르지 않고, 혼란스럽고, 잘못되기도 하지만, 때로는 더 정확하게 정리되기도 한다. 그것은 인간이 창조주와 자연스럽게 소통하는, 말하자면 탯줄을 완전히 잃지 않았다는 표시다.

인간은 본성적으로 자신의 명백한 한계를 극복하고 싶어 하는 욕망을 채워 줄 통로를 찾는 경향이 있다. 불멸과 무한함을 가능케 하는 무한하고 전능하며 영원한 존재와 소통하는 것이다. 이것이 바로 인간이 다양한 방법으로 하느님과 소통하는 근거다. 기도의 신학적 터전이라고 할까?

기도란 무엇인가? 우리가 기도라고 부르는 이 현상을 그렇지 않은 다른 현상과 구별할 수 있는, 기도에 대한 보편적인 정의를 찾고 싶다면 다음과 같이 정리할 수 있다.

'흠숭하는 영혼의 태도로 하느님과 의식적으로 소통하는 것이다.'

나는 이것이 기도를 제대로 표현한 것이라고 본다. 기도는 그 방법이 매우 다양한 데다가, 하느님에 관한 생각은 때로는 혼란스럽기도 하고, 어느 정도의 오류나 문화적 차이가 뒤섞여 있기도 하지만 말이다.

기도, 인격 간의 대화

하느님의 계시는 인간과의 대화를 주도하시는 분이 바로 하느님이심을 우리에게 보여 준다. 실로 그분께서는 당신과 대화할 가능성을 가지고 인간을 창조하셨다. 인간을 존재케 한 것은 그분의 사랑이요, 당신의 형상과 모양대로 그들을 창조하신 당사자도 그분이시다(창세 1,26 참조). 하느님을 닮았다는 것은 이해하고 사랑하는 능력을 의미한다. 하느님께서는 사랑으로 세상 창조 이전에 그리스도 안에서 우리를 선택하시어, 우리가 당신 앞에서 거룩하고 흠 없는 사람이 되게 해 주셨다(에페 1,4 참조). 그리고 사랑은 사랑하는 사람과 사랑받는 사람 사이의 교환을 전제한다. 더욱이 그분께서는 우리를 은혜로 창조하시면서, 선물로 당신의 신적 본성에 참여하게 해 주셨고, 거룩하게 하여 친구로 삼으셨다.

그리고 인간이 자신의 존엄성을 부정하고 죄를 지음으로써 하느님을 배반하더라도, 인간은 당신의 형상대로 자신을 창조하신 하느님의 애절한 목소리를 잃지 않을 것이다. 하느님께서는 계속해서 인간을 부르고 찾으신다(창세 3,9 참조). 하느님께서는 아버지로서 포기하지 않고 우리를 부르신다.

"너 어디 있느냐? 너는 어찌하여 이런 일을 저질렀느냐?"(창세 3,9.13)

그분의 무한히 자비로운 사랑은 대화의 새로운 길을 열어 준다. 곧 그리스도께서 이루신 구원 덕분에(요한 3,16 참조) 참회와 화해의 길로 나아가게 해 준다. 그것은 아버지의 영원한 아들로서 사람이 되신 그리스도 안에서 인간도 하느님 아버지의 자녀로 거듭날 가능성을 제공하며, 그 안에서 우리는 성령의 은사로 죄로부터의 구원과 성화의 은총을 다시 발견하게 된다(에페 1,5-8 참조).

모든 신적 계시는 계약의 형태로 하느님과 인간, 인간과 하느님의 관계에 관한 역사가 될 것이다. 이 관계에서 하느님께서는 항상 약속에 신실하시며, 인간은 불신과 배신을 반복한다. 그러면서 결국에는 하느님의 끊임없는 부르심에 응답해야 할 필요성을 경험한다. 하느님께서는 인간이 회개하고 당신의 자비를 받아들여, 당신께서 바라시는 거룩함을 향해 새롭게 나아갈 수 있도록, 그 부르심을 반복적이고 다양한 방법으로 표현하신다.

대화가 이루어지려면 인간은 하느님의 질문에 응답해야 한다. 그리고 인간이 실제로 하느님을 있는 그대로 인식하지 못하고, 그에 걸맞은 상황에 자신을 두지 않는다면 그 응답은 참될 수 없다. 만일 인간이 하느님을 하느님으로 인정하지 않는다면, 그분이 아닌 것을 그분으로 받아들이고 있다면, 인간은 초대받은 그분과의 친밀한 우정의 대화에 도달할 수 없다. 타지 않는 떨기나무 앞에 선 모세를 기억하라. 하느님께서는 그를 부르시며 이렇게 말씀하셨다.

"이리 가까이 오지 마라. 네가 서 있는 곳은 거룩한 땅이니, 네 발에서 신을 벗어라."(탈출 3,5)

하느님께서는 모세에게 우리가 하느님의 현존을 구별하고 '신성한 것'을 존중해야 한다고 가르치셨다. 그분을 대하는 것보다 더 신성한 일은 없다. 예수 그리스도의 기도에서도 이러한 모범을 찾아볼 수 있다.

"하느님께서는 그 경외심 때문에 들어 주셨습니다."(히브 5,7)

기도, 친교의 대화

하느님의 부르심은 그분의 사랑에서 나오며, 또한 인간의 응답도 친교의 사랑이어야 한다. 여기에는 양측의 대화 당사자, 즉 창조주이시며 아버지이신 하느님과 피조물이며 자녀인 인간, 그 누구에게도 실체와 존엄성에 대한 억압이 없다. 그러한 관계를 가능하게 하려고 그분께서는 세례를 통해 우리에게 성령을 주셨고, 그 성령의 힘으로 우리는 하느님을 "아빠Abba! 아버지!"(로마 8,15) 하고 외쳐 부른다.[3]

하느님과 인간 사이의 친교의 대화인 기도는 이미 그리스도에게서 완전히 실현되었다. 이는 성령 안에서 천주 성부와 진실한 관계를 맺는 것이다. 그래서 그리스도인의 기도는 인간의 활동일뿐만 아니라, 인간과 하느님의 활동이기도 하며, 인간 안에서 이루어지는 하느님의 활동이기도 하다. 이 책에서 이러한 내용을 설명하려 한다.

차례

추천의 글	4
사용된 약어	6
옮긴이의 글	7
이 책을 시작하며	10
머리말 ǀ 기도란 무엇인가?	14

1부 기도의 의미

우리가 기도하는 이유

참된 그리스도인의 기도	25
기도의 조건	32
기도의 방향이 중요하다	41

2부 기도의 방법

기도는 어떻게 하는 걸까?

기도의 여정을 걸어가며	51
렉시오 디비나, 말씀과 함께	61
영혼의 세 가지 능력을 활용하는 기도	70
이냐시오 관상, 그리스도 생애의 신비를 묵상하는 법	78
감각을 적용하는 기도	88
반복과 요약이 필요한 이유	94
다양한 기도 방법 찾기	99
단어를 깊이 곱씹으며 하는 기도	110
호흡의 리듬을 따라가는 기도	115
사랑에 이르기 위한 관상	121
기도에도 단계가 있다	130

3부 기도의 적용

기도를 일상에 녹이는 법

특별한 기도	141
관상에 들어가는 길	150
일상에서 바치는 기도	159
기도가 어려운 날에	166

4부 기도의 열매

기도는 우리를 어떻게 바꿀까?

기도를 도와주는 습관	181
기도가 사랑으로 향할 때	190
로욜라의 이냐시오 성인에게 배우는 기도	199
주	216

1부

기도의 의미

우리가 기도하는 이유

참된 그리스도인의 기도

초자연적 초월

비그리스도인 가운데에서도 기도라는 활동이 있을 수 있다. 그렇지만 그것이 초월적이고 전능하신 하느님과 소통하려는 시도가 아니라면, 우리가 '기도'라고 정의한 용어에 부합하지 않는다. 그것은 다소 철학적인 활동일 수도 있고, 일종의 자연주의적 범신론에서 인간 자신을 초월하려는 시도일 수도 있고, 인간 존재의 개인적 통달과 평정을 추구하는 것일 수도 있다.

그렇다고 그것이 그리스도를 믿지 않는 사람들 사이에서도 "자기 죄 없이 그리스도의 복음과 그분의 교회를 모르지만, 진실한 마음으로 하느님을 찾는 사람"[4]이 있다는 것, 그리고 "양심의 명령을 통하여 알게 된 하느님의 뜻을 은총의 영향 아래에서 실천하려고 노력하는 사람"[5]이 있다는 것을 부정하게 하지는 않는다.

세례로 입문하여 초자연적 은총을 받게 되었고, 그리스도교 계시를 받아들인 사람들에게 최고의 기도 모범은 그리스도의 행동과 말씀에서 찾을 수 있다.

구약 성경에는 아벨의 제물 봉헌과 같이 그것을 기뻐하며 바라보시고 받아들이시는 하느님과 의사소통을 한 사례들이 있다. 인생의 길에서 겪는 다양한 시험 속에서도 하느님의 약속을 신뢰하는 아브라함의 침묵과 순종이 있었고, 자기 백성을 위한 모세의 중재기도가 있었다. 그리고 찬미 기도, 회개 기도, 청원 기도, 흠숭 기도, 감사 기도, 도움을 청하는 기도, 율법과 시편을 묵상하는 기도, 하느님의 말씀에 귀를 기울이는 열린 마음과 참된 예언자들의 충실성, 함께 부르는 성가도 있다.

그러나 모든 형태의 기도 중에 아버지 하느님과 소통하는 완전한 모범을 드러내신 분은, 하느님 계시의 결정판인 예수 그리스도이시다. 하느님께서는 당신의 아드님과 같은 모상이 되도록 정하셨고, 성령께서도 우리를 인도하여 우리가 삶에서 예수 그리스도의 형상을 재현하기를 원하신다(로마 8,29 참조).

이러한 이유로 교회 역사에서, 기도에 관한 저술가들은 그리스도께서 실천하신 기도의 모범, 특히 그분께서 제자들에게 권고하신 기도인 주님의 기도를 깊이 다뤘다. 테르툴리아누스의《기도*De oratione*》, 치프리아누스의《주님의 기도*De oratione dominica*》, 니사의 그레고리오의 《주님의 기도 강론 Homiliae in orationem dominicam》, 예수의 데레사 성녀의 《완덕의 길 El camino de perfección》 등을 그 예로 꼽을 수 있다.

히브리인들에게 보낸 서간 5장 7절에서는 예수님에 관해 다음과 같이 언급한다.

"예수님께서는 이 세상에 계실 때, 당신을 죽음에서 구하실 수 있는 분께 큰 소리로 부르짖고 눈물을 흘리며 기도와 탄원을 올리셨고, 하느님께서는 그 경외심 때문에 들어 주셨습니다."

그리고 우리가 그리스도에 대해 듣는 첫 번째 기도는 이것이다. 그리스도께서는 세상에 오실 때에 이렇게 말씀하셨다.

"당신께서는 제물과 예물을 원하지 않으시고 오히려 저에게 몸을 마련해 주셨습니다. 번제물과 속죄 제물을 당신께서는 기꺼워하지 않으셨습니다. 그리하여 제가 아뢰었습니다. '보십시오, 하느님! 두루마리에 저에 관하여 기록된 대로 저는 당신의 뜻을 이루러 왔습니다.'"(히브 10,5-7)

소위 '주님의 기도'의 일곱 가지 청원을 철저히 조사해 보면, 그 모든 것은 아버지의 뜻이 이루어지라는 데로 수렴된다. 여기에는

하느님의 영광이 있고, 사람의 구원과 거룩함이 있어, 그분 이름에 영광을 돌리고, 사람들은 모든 악에서 해방될 것이다. 한마디로 그리스도의 기도와 활동은 아버지의 뜻을 성취하는 것을 향한다.

그리스도를 통하여, 그리스도와 함께, 그리스도 안에서

지금까지 말한 것에 의하면, 참된 그리스도인의 기도는 아버지 앞에서 우리의 모범이며 중개자이신 그리스도 없이는 이루어질 수 없다. 인간은 기도를 통해 아버지 하느님을 만나 대화하기를 원하는데, 오직 그리스도를 통해서만 그렇게 할 수 있다. 그것은 그리스도이신 그분께서 정한 초자연적 조건이다.

예수 그리스도께서는 마태오 복음서에서 친히 우리에게 "아들 외에는, 그리고 그가 아버지를 드러내 보여 주려는 사람 외에는 아무도 아버지를 알지 못한다."(마태 11,27)라고 가르치셨다. 그리고 요한 복음서에서는 "나를 통하지 않고서는 아무도 아버지께 갈 수 없다."(요한 14,6)라고 하셨다. 왜냐하면 예수님께서 '길'이기 때문이다.

그분께서는 아버지와 아버지의 나라를 우리에게 알려 주시고, 그 나라를 땅에 세우러 오셨고, 아버지의 뜻이 하늘에서와 같이 땅에서도 이루어지기를 바라신다. 그리하여 그분은 그것을 모든 일에서 완전하게 성취하셨다. 그분의 삶에서, 그분의 말씀에서, 그분의 몸짓에서, 그분의 감정과 태도에서 우리는 아버지 하느님께서 우리에게 바라시는 뜻을 이해할 수 있다. 아버지 하느님께서는 우리 각자가 자기 삶에서 당신의 아드님 예수 그리스도와 같은 모상이 되도록 미리 정하셨고, 그러기 위하여 그 아드님께서 많은 형제 가운데 맏이가 되게 하셨다(로마 8,29 참조).

그러므로 우리는 성령의 인도 아래 아버지께로 가는 길을 여는 중개자, 예수 그리스도 안에서 따라야 할 모범과 본보기를 찾아야 한다. 왜냐하면 바오로 사도가 로마 신자들에게 보낸 서간 8장 14절에서 말했듯이, "하느님 영의 인도를 받는 이들은 모두 하느님의 자녀"다. 아버지께서는 마땅한 모든 기쁨을 당신 아들 예수 그리스도 안에 지니신다. 그러므로 그리스도와 함께 기도하고, 마땅히 구현해야 할 그리스도적 삶을 그리스도 안에서 살아감으로써 그 기쁨이 우리에게 주어진다. 우리는 그분께서 주신 성령의 삶을 통해 그리스도와 함께, 그리스도 안에서 기도할 수 있을 것이다.

성령 안에서 아버지께 드리는 기도

여기서 그리스도교 기도의 일반적인 특징을 정리할 수 있다. 즉 성령 안에서 아버지께 드리는 기도로, 우리를 살리시고자 하는 하느님의 구원 의지를 우리 삶에서 성취하도록 한다. 그러므로 기도하는 사람과 하느님 사이의 개인적인 대화에서 아무도 자신의 개성을 잃지 않은 채, 그리스도를 중심으로, 근본적인 목표를 갖는다.

우리를 인도하시는 성령의 빛 속에서, 그리스도 안에서 나타난 아버지의 뜻과 그분의 계획이 세상에서 실현되도록 하는 것이다.

하지만 구약과 신약에 매우 다양한 기도 형태가 있다는 것을 알 것이다. 예를 들어 찬양, 감사, 청원 혹은 감사의 희생 제사, 약속, 경배, 예식, 참회 등이 있다. 바오로 사도는 "나는 무엇보다도 먼저 모든 사람을 위하여 간청과 기도와 전구와 감사를 드리라고 권고합니다. 임금들과 높은 지위에 있는 모든 사람을 위해서도 기도하여, 우리가 아주 신심 깊고 품위 있게, 평온하고 조용한 생활을 할 수 있도록 하십시오."(1티모 2,1-2)라고 기도 형태의 목록을 제공한다.

여기서는 그리스도교 정신 기도가 무엇인지에 관해서만 이야기하고자 한다. 방금 언급한 형태들은 소리 기도로 할 수 있기도 하고 그 본성, 조건, 방법, 단계, 영성 생활의 진보와의 관계 등에 관해서 상대적으로 많은 설명이 필요하지 않기 때문이다.

◇ 마음에 새기기 ◇

- 모든 형태의 기도 중에 아버지 하느님과 소통하는 완전한 모범을 드러내신 분은 예수 그리스도이시다.
- 참된 그리스도인의 기도는 중개자이신 그리스도 없이는 이루어질 수 없다.
- 그리스도인의 기도는 성령 안에서 아버지께 드리는 기도로서, 우리는 하느님의 구원 의지를 삶에서 성취해야 한다.

기도의 조건

장소와 시간

기도는 인간 활동이기 때문에 모든 인간 활동의 일반적인 조건에서 벗어나지 않는다. 우선, 우리가 이 세상에 있는 동안 행동하기 위한 특정한 장소와 시간이 필요하다. 그러한 활동을 수행할 시간과 장소를 할당하지 않으면 해당 활동은 수행할 수 없다. 우리는 이 현실적인 조건을 충분히 고려하지 않기 때문에 기도 시간을 예약하지 않고, 기도 장소를 지정하지 않는다. 즉, 우리의 다급함이나 몸에 밴 태도가 기도에 필요한 시간과 장소를 정하지 않기에 기도하지 않게 된다.

오늘날 우리 시대의 많은 이에게 무슨 일이 일어나고 있는가? 우리는 일상에서 해야 할 일, 시장 경기, 정보의 홍수, 빠른 속도를 요구하는 일거리, 교통 문제, 행정적인 요구, 번잡한 서류 수속, 직업이나 직장의 모든 문제, 변화가 일어나는 속도 및 적응의 필요성, 배가되는 구경거리와 다양한 관심사로 인해 큰 압박감을 느낀다. 결국 "필요한 것은 한 가지뿐"(루카 10,42)인데, 그것에 정확한 시간을 내어 주는 것을 잊어버리게 된다. 우리는 너무 많은 일을 걱정하기 때문에 가장 기본적이고 중요한 것에 주의를 기울이지 않는다. 바로 우리가 하는 모든 일에 빛과 방향과 효율성을 주는 것, 즉 위에서, 빛의 아버지(야고 1,17), 모든 선의 창조주에게서 우리에게 내려오는 빛과 힘을 받아들이는 일이다.

베네딕토 16세 교황은 기도에 관한 교리 교육에서 오늘날 많은 사람이 순간적인 즐거움을 갈망하며, 그로 인해 내면의 공허함을 음악과 영상으로 채우고 싶어 한다고 언급했다. 그런 공허함에 대한 두려움은 시끄러운 미디어나 일시적인 시각적 도피처로 도피한다고 해서 치유되는 것이 아니라 오히려 그것에 의존하게 만든다.

인간의 갈증은 상당히 깊다. 자기 삶에 확실한 의미를 부여하고 자신의 존재에 대한 총체적인 방향을 정하기 위해서는 행동의 피상성, 자연주의, 상대주의를 극복해야 한다. 침묵은 말씀을 듣기 위한 필수 전제다. 흥분하고, 불안해하고, 산만하고, '스트레스를 받는' 우리의 본성은 부드러운 성령의 내적 음성을 듣고, 믿음과 희망과 사랑의 영역, 즉 그리스도교 기도의 고유한 영역으로 들어가기 위해 고독과 침묵, 평화와 묵상이 필요하다. 루이 부이에Louis Bouyer

는 자신의 저서 《영성 생활 입문*Introducción a la vida espiritual*》에서 이렇게 말한다.

"삶의 번잡함 속에서나 조용한 고독 속에서 갑자기 기도할 수 있다고 가정하는 것은 완전히 말도 안 되는 소리다. 침묵과 묵상(반드시 고독해야 함)을 위한 여지가 없는 삶은 그리스도인다울 수 없다. 왜냐하면 그것은 영적인 삶이 아닐뿐더러, 솔직히 인간적일 수도 없고, 인간적이라는 이름에 걸맞지도 않기 때문이다."[6]

자연적, 초자연적 능력의 사용

계시는 그리스도인의 기도가 두 가지 자유, 즉 인간의 가장 큰 선을 사랑하고 바라시는 하느님의 무한한 자유와 인간의 제한된 자유 사이의 만남으로 구성되어 있음을 보여 주었다. 공간과 시간은 인간이 지상에서 사는 동안 제약을 가하는 본질적인 원천이다. 그리고 인간 자신의 타고난 능력은 제한되어 있다.

기억은 인간 자신이 마음속에 새기고 싶어 하는 모든 것을 항상 간직하지는 않는다. 우리는 많은 것을 잊어버린다. 그리고 전혀 배우지 못한 것을 기억할 수는 없다. 만일 누군가 하느님의 계시나 그 일부 요소를 받아들이지 않았다면, 그는 그것들을 기억하고 꿰뚫어서 그걸 가지고 자신의 실체를 형성하는 데 활용하지 못할 것이다. 그런 받아들임이 없으면 설령 교리 교육을 받았고, 복음을 듣거나 읽었더라도, 아마 그저 세속적이고 일시적으로 즐겁거나 불쾌한 기억 속에서 살기 쉽다. 우리는 그리스도의 현존과 그분의 말씀, 모범, 기준과 감각을 자주 접하여 그것이 행동의 참된 동기가 되도록 해야 한다. 신명기 6장에서는 우리에게 사랑의 기본 계명을 가르쳐 주면서 하느님을 향한 성실한 자기 개방을 강조한다.

"너희 하느님을 사랑해야 한다. 오늘 내가 너희에게 명령하는 이 말을 마음에 새겨 두어라. 너희는 집에 앉아 있을 때나 길을 갈 때나, 누워 있을 때나 일어나 있을 때나, 이 말을 너희 자녀에게 거듭 들려주고 일러 주어라."(신명 6,5-7)

또한 인간은 성령의 빛에 자신을 열지 않고는 자신의 지성으로 계시의 완전한 의미를 꿰뚫어 볼 수 없다. 성령은 우리에게 완전한 진리를 가르쳐 주시고(요한 16,12-13 참조), 그리스도의 행위와 말씀의 의미를 밝혀 주신다.[7] 우리가 성령께서 우리를 깨달음으로 인도하시기를 받아들인다면, 아버지 하느님께서 우리를 위해 교회에 파견해 주신 그리스도의 모습이 우리 안에 구현될 것이다. 그것이 바로 묵상 기도이고, 우리는 그 모범으로 마리아가 "이 모든 일을 마음속에 간직하고 곰곰이 되새겼다."(루카 2,19)라는 점을 안다.

인간의 지성은 믿음과 희망에 열려 있어야 한다. 또한 우리는 게

시가 우리에게 전하는 새로운 내용이 지성을 꿰뚫고 통과하도록 허용하고, 깨달은 바를 행동의 새로운 기준으로 바꾸고, 삶에서 우리를 덮치는 좌절과 반대 속에서도 그 방향으로 끈기 있게 버텨야 한다. 그러므로 묵상이 필요하다. 우리가 복음에 따라 살고자 한다면 우리 자신을 묵상에서 면제되었다고 생각할 수 없다.

또한 인간의 의지는 결정을 내리고 자유롭게 헌신하고 온전히 소신을 갖는 일에 약한 모습을 보인다. 왜냐하면 인간은 자신을 움직이는 가치를 비추는 빛 내지는 에너지를 부족하게 지니고 있기 때문이다. 우리에게는 청원의 기도, 즉 빛과 힘을 구하는 기도를 통해 얻는 은총의 도움이 필요하다. 우리는 무질서한 정욕의 공격과 세상의 현실, 즉 사물들과 인간들과 사건들에서 발생하는 밀고 당기는 공격에 맞서 싸우고, 저항하고, 다스려야 한다.

인간의 의지는 잘 알고 있고 마음에 드는 것에 의해 움직인다. 그래서 지각 능력이 자기 의지에 그리스도교적 가치를 보여 주지 못하고 있다면, 기억 속에 그것들을 현존하게 하고, 선한 상태에서 그것들을 꿰뚫어 탐구해야 한다. 묵상을 통해 반대되는 열정 때문에 어두워진 지각 능력에 그리스도적 가치를 동화시켜야 한다. 은총의 도움으로 본성의 내적 저항을 극복해야 한다. 그렇지 않으면 인간이 어떻게 이러한 초자연적 가치의 방향으로 자신을 변화시킬 수 있겠는가?

불행하게도 오늘날 우리가 살아가는 세속화되고 그리스도교를

버리는 세상이 퍼뜨리는 의견에 전염될 위험을 고려한다면, 그리스도교 묵상의 필요성은 더욱 커진다. 바오로 사도는 필리피 신자들에게 보낸 서간에서 자신의 소망을 밝힌다.

"내가 기도하는 것은, 여러분의 사랑이 지식과 온갖 이해로 더욱더 풍부해져 무엇이 옳은지 분별할 줄 알게 되는 것입니다. 그리하여 여러분이 순수하고 나무랄 데 없는 사람으로 그리스도의 날을 맞이하고, 예수 그리스도를 통하여 오는 의로움의 열매를 가득히 맺어, 하느님께 영광과 찬양을 드릴 수 있게 되기를 바랍니다."(필리 1,9-11)

우리에게 구하고 찾으라고 권고하신 분은 바로 예수 그리스도이시다.

"유혹에 빠지지 않도록 깨어 기도하여라."(마태 26,41)

"너희가 악해도 자녀들에게는 좋은 것을 줄 줄 알거든, 하늘에 계신 아버지께서야 당신께 청하는 이들에게 성령을 얼마나 더 잘 주시겠느냐?"(루카 11,13)

의지는 타락한 본성에서 저절로 발생하는 애정에 의해 움직이고, 늘 올바르지 않은 자극에 취약하여 즐겁게 지내거나 행동하려는 경향이 있다. 《헤르마스의 목자Pastor de Hermas》[8]에서 표현하듯 이미 그리스도교 초기에 결코 진리를 추구하지도 않고 신성한 것들을 묵상하지도 않는 그리스도인들이 있다는 것을 알 수 있다. 그들은 사업과 부, 이방인의 우정에 완전히 사로잡혀 하느님의 말씀을 들어도 한 마디도 깨닫지 못한다. 그들은 포도나무와 같아 그 본성은 좋지만, 방치하면 잡초와 풀과 가시덤불에 뒤덮이게 된다.

노력과 인내

한편 그리스도교 기도는 이미 언급했듯이, 인간 각자와 너와 나의 우정 관계를 맺고자 하시는 하느님의 주도에서 탄생한다. 그런데 노력과 인내 없이 어떻게 이 세상에서 우정을 유지할 수 있겠는가? 우정에는 영혼의 조화와 친구 간의 잦은 만남이 필요하다. 서로 듣고 반응하는 대화를 자주 해야 하고 친분을 쌓아 가는 시간을 투자해야 한다. 데레사 성녀가 기도는 우리를 사랑하시는 분과의 잦은 '우정의 교제tratar de amistad'라고 묘사한 것은 타당하다.

결국 예수님의 가르침은 이렇다. 당신께서 뿌리는 말씀이 좋은 땅에 떨어진 상황에 해당하는 사람은 말씀을 듣고 열매를 맺는데 "백 배, 예순 배, 서른 배"(마태 13,23 참조)를 낸다. 기도는 하느님의 말씀을 반드시 들어야 하므로, 그 결과를 실천하고 속임수를 피하려면 무엇보다 주의 깊은 태도와 믿음과 온순함, 관심과 인내가 필요하다(마태 13,1-30 참조).

예수님께서는 말씀이 돌밭에 떨어지면 처음에는 기쁘게 들을 것이라고 이미 말씀하셨다. 그러나 뿌리를 내리지 못하기 때문에 어려움이 닥치면 열매를 맺는 데 효과가 없다. 그리고 지나가는 모든 사람이 다닐 수 있는 길에 말씀이 떨어지면 누구나 쉽게 가지고 갈 수 있다.

더 나아가 세상 걱정이 가득한 마음에 빠지면, 기만적인 유혹이나 세속적인 관심은 가시덤불과 같아서, 마음에 닿은 말씀을 말려 다른 것에 주의를 돌리게 하고 열매를 맺지 못하게 만든다.

> 마음에 새기기

- 우리는 너무 많은 일을 걱정하기 때문에 가장 기본적이고 중요한 것, 창조주에게서 내려오는 빛과 힘을 받아들이는 일에 주의를 기울이지 않는다.
- 우리는 그리스도의 현존과 그분의 말씀, 모범을 자주 접하여 그것이 우리 행동의 참된 동기가 되도록 해야 한다.
- 그리스도인의 기도는 하느님의 주도로 시작되나, 우리를 사랑하시는 분과의 친분을 쌓아 가기 위해 우리 역시 노력과 인내가 필요하다.

기도의 방향이 중요하다

우리 안에서 활동하시는 성령

우리의 한계와 약점을 아시는 하느님께서는 우리가 스스로 발전할 수 있도록 하느님의 섭리를 마련하셨다. 바로 우리에게 당신의 성령을 주신 것이다. 그분은 "나약한 우리를 도와주신다. 우리는 올바른 방식으로 기도할 줄 모르지만, 성령께서 몸소 말로 다할 수 없이 탄식하시며 우리를 대신하여 간구해" 주신다(로마 8,26 참조).

세례를 통해 그리스도인에게 전달되는 새 생명은 우리에게 새로운 초자연적 능력(주입된 믿음, 희망, 사랑의 덕)을 지닌 성령의 은사를 부여한다. 그리고 그것은 인간을 하느님께 열리게 하는데, 새로운 지혜로 인간이 개방되는 것이다. 그 지혜는 하느님의 지혜, 십자가의 지혜, 그리스도의 지혜로서 이 세상의 지혜를 거스르는 것(1코린

1,18-31. 참조)이며, 성령의 지혜라고도 하는데, 육체적 지혜 즉 '세속'의 지혜에 반대된다(로마 8,5-13 참조).

하느님의 친밀함을 꿰뚫고 있는 성령은 인간을 단지 이성적인 동물이 아닌 '영적' 존재로 만드신다. 인간의 이 새로운 삶에 담겨 있는 본연의 능력을 수련하는 것과 그것을 발휘하는 것은 단지 육체적인 지혜로 행동하는 게 아니라, 영적인 지혜로 식별하게 한다(1코린 2,6-16 참조). 이 초자연적 지혜는 소위 '그리스도 감각sensus Christi'이라 불리는 '새 인간'의 사고방식과 감수성에 따라 삶의 체계를 잡는 것이다. 한마디로 그리스도인들은 하느님에게서 오는 것을 분별할 수 있도록 세례를 통해 하느님의 영을 받았다.[9]

그리스도를 따라

그리스도인의 삶에 대한 비전에 따라, 바오로 사도는 그리스도인에게 그들의 몸을 하느님께서 기뻐하시는 희생 제물로 삼고, 그들의 정신을 세상의 기준에 따라 구성하지 말라고 권고한다. "무엇이 하느님의 뜻인지, 무엇이 선하고 무엇이 하느님 마음에 들며 무엇이 완전한 것인지 분별할 수 있게" 가치관과 새 인간의 영적 감수성에 따라 그것을 구조화할 필요가 있는 것이다(로마 12,1-2 참조). 이러한 신학적 환경에서 하느님의 계획에 부응하기 위해 그리스도인의 내적 삶이 발전해야 한다. 이는 어떻게 기도해야 하는지에 대한 그리스도의 가르침을 분석하면 알 수 있다. "너희는 기도할 때 이렇게 하여라. '하늘에 계신 우리 아버지.'"(루카 11,2-4; 마태 6,9-13 참조)

많은 사람은 이 기도에서 한 가지로 요약될 수 있는 일곱 가지 청원을 발견한다. 곧 사람들이 그분의 뜻을 성취함으로써, 오히려 자기들이 원하는 행복을 얻을 수 있도록 아버지께 청하는 것이다. 주님의 이름을 거룩하게 하는 것이 우리를 거룩하게 하는 그분의 뜻을 행하는 것이 아니고 무엇이겠는가? 그분의 나라가 우리에게 도래한다는 것은 사랑으로 그분의 뜻을 행하기 위해 우리 자신을 복종하는 것이 아니고 무엇이겠는가? 일용할 양식을 구하는 것은 그분의 뜻을 이루기 위해 먹을 것을 구하는 것이 아닌가?

용서를 받는다는 것은 용서하라는 하느님의 뜻을 이루고 난 뒤에 하느님의 허락을 받는 것에 지나지 않는다. 유혹에 빠지지 않고 악한 자에게서 벗어나는 것은 바로 하느님의 뜻을 이루는 것이다. 유혹과 악에서 우리 자신을 자유롭게 한다는 것은 우리를 구원하고 거룩하게 하려는 그분의 뜻이 이루어지도록, 하느님의 뜻을 구하는 것 또는 그것을 가장 잘 성취할 수 있는 방도를 구하는 것이다.

이 개념은 인간이 기도하는 마음으로 정신 상태를 변화시켜야 하며, 즉 성령(예수님의 영)과의 접촉을 통해 변화되도록 우리를 맡겨야 한다는 점을 전제한다. 하느님의 자녀는 하느님 영의 인도를 받도록 자신을 내어 맡긴다(로마 8,14 참조). 성령께서는 당신의 빛과 활동으로 자녀들이 아들이신 예수 그리스도의 형상을 구현하도록 이

도하실 것이다(로마 8,29 참조).[10] 이는 그리스도의 신비로운 몸인 교회 안에서 직분에 따라 각 사람에게 하느님께서 바라시는 것이다.

또한 성령께서는 성사와 직무를 통하여 교회의 지체를 거룩하게 하시고 인도하실 뿐만 아니라, 그리스도의 신비체 전체의 유익을 위하여 당신 뜻에 따라 각 사람에게 덕과 은총을 나누어 주신다(1코린 12,4-7 참조). 따라서 교회의 다양한 구성원은 잘 조직되고 질서 있는 하나의 몸을 형성하며 각자 다양한 능력과 기능을 통해 서로 돕는다. 어떤 사람은 사도이고, 어떤 사람은 예언자이고, 어떤 사람은 교사이고, 어떤 사람은 다소 단순하고 평범하거나 또는 더 특별한 카리스마를 발휘하여 다양한 방법으로 교회에 봉사한다.[11]

그리스도교 기도의 기능 중 하나는 성령의 인도를 받기 위해 성령의 말씀을 듣는 것이다. 다시 말해 자신의 마음을 변화시키고 무질서한 본성의 저항을 극복하여 모든 일에서 성령께서 당신 목소리를 전달하는 다양한 표현을 통해 성령의 인도에 순종하는 것이다.

로욜라의 이냐시오 성인의 '영신 수련'은 인간이 성령의 은밀한 음성을 듣도록 준비하고, 집중을 방해하는 무질서한 관심사를 제거하도록 은총으로 돕는 것을 목표로 한다. 바로 이 성령의 목소리가 인간을 인도하고, 인간이 자신의 소명을 따르고, 성령께 받은 은사를 교회 전체를 위해 봉사하는 데 사용하도록 해야 한다. 이러한 이유로 영신 수련은 무엇보다도 기도의 학교다.

다른 한편으로, 그리스도교 기도는 위험을 피하고 결의를 다질

뿐만 아니라, 우리의 사랑이 '참된 사랑caritas in veritate'(2테살 2,10; 2요한 1,3 참조)인지 아닌지, 하느님의 뜻에 근거한 것인지 아닌지, 하느님의 뜻을 그저 듣기만 한 게 아니라 실천에 옮겼는지, 다시 말해 우리의 사도직이 하느님의 눈길 아래, 하느님의 뜻을 실행에 옮겼는지를 검증한다. 이러한 관점에서 볼 때 우리의 행동이 펠라기우스적Acción Pelagiana*인지, 아니면 겸손하게 하느님을 우리 활동의 원칙과 힘으로 삼는지 분별할 수 있을 것이다.

지금까지 말한 내용을 정리하면, 그리스도교 기도가 되려면 그 기도는 하느님의 뜻을 발견하고 그것을 성취하는 데 필요한 성향을 갖추는 것으로 이어져야 한다. 그리스도교 기도가 더욱 위대한 초자연적 사랑에 빛을 받는 사고방식의 변화, 즉 그리스도의 모범에 따른 삶의 내용과 형태의 변화로 이어지지 않고, 단지 더 높은 지식, 일종의 인간적 영지gnosis로 구성되거나, 그것으로 이어질 수 있다고 생각하는 것은 심각한 오류일 것이다.[12]

하느님과의 우정

하느님의 은총은 우리를 하느님의 자녀, 하느님의 형제, 친구로

---

* 펠라기우스의 관점에 따르면 인간은 완전한 자유의지를 갖고 있고, 하느님께서 인간의 결정에 개입하는 것은 인간의 순수성을 훼손하는 것이다. 그러므로 인간은 하느님의 도움이 없어도 선한 행동을 충분히 해낼 수 있고 이 선한 행위를 통해 구원을 성취해 낼 수 있다. ─역자 주

만드는 선물이다. 그러므로 그 선물을 우리의 영성 생활에서 건전하게 발전시키려면, 하느님께 효도하고 그분과 우호적인 친밀함을 키우는 길을 따라야 한다. 우정은 친구 간에 취향과 감정, 행동 기준을 같게 만들거나 같아지게 만드는 경향이 있는데, 예수 그리스도와 사람의 관계도 그러하다. 그것은 그리스도 안에서의 변화를 촉진한다. 우정은 친구 앞에 머물고, 친구와 대화하기를 원한다. 이러한 징후가 없다면 그 우정은 건강하지 않고 정상적으로 발달하지 않은 관계라는 것을 의미한다.

이러한 이유로 우리는 그리스도인이 실천하는 기도가 건강하고 올바른 방향으로 나아가는지 식별하기 위해 앞서 언급한 세 가지 징후를 꼽는다. 첫째, 기도에 청원이 포함되어 있고, 둘째, 그리스도를 따라 주체를 변화시키며, 셋째, 하느님께 대한 효경과 그분과의 친밀한 교제에 대한 정상적인 욕구를 증가시키는 것이다.

― 마음에 새기기 ―

- 성령께서는 인간을 이성적인 동물이 아닌 '영적' 존재로 만드신다.
- 그리스도교 신자의 기도는 사랑이신 예수 그리스도의 모범에 따라 삶의 변화로 이어져야 한다.
- 하느님의 은총은 우리를 하느님의 자녀, 형제, 친구로 만드는 선물이다. 그 선물을 우리의 영성 생활에서 건전하게 발전시키려면, 하느님께 효도하고 그분과 우호적인 친밀함을 키우는 길을 따라야 한다.

2부

기도의 방법

기도는 어떻게 하는 걸까?

기도의 여정을 걸어가며

방법의 유용성

'방법'이란 '원하는 목적을 달성하기 위해 따라야 할 길'을 의미한다. 필요한 작업을 독자적으로 수행하면 목표를 달성할 수 있지만, 여러 경험과 고려해야 할 요소, 이를 활용하는 가장 좋은 방법을 알면 일반적으로 시간과 에너지를 절약하고 더 나은 결과를 얻을 수 있다.

하느님께서는 기도 활동에서 당신께서 원하시는 사람을, 원하시는 때에, 원하시는 결과로 인도하실 수 있다. 바로 그분께서 우리에게 영성의 역사를 따라 진행되는 통상적인 방법을 가르쳐 주셨다.

여기서 주님께서 몸소 제시하신 몇 가지 필수적인 요구 사항이 있다. 우리는 이 기도의 몇 가지 조건을 이미 앞에서 살펴보았다.

그건 신학적 덕목*의 활동, '하느님을 뵙는' 마음의 순수함, 우리에게 필요한 실제 은총을 얻기 위한 청원, 그분이 누구신지에 대한 경배와 흠숭, 그분을 대하는 데 있어서의 겸손, 온순함, 단순함과 신뢰, 우리의 뜻이 아닌 그분의 뜻을 구하는 것이다.

다른 것들은 우리의 자유와 인간 활동의 일반적인 법칙에 의존하는데, 하느님께서는 특별한 경우를 제외하고는 당신의 일상적인 활동에서 보통 거의 벗어나지 않으신다. 우리가 흔히 기적이라고 부르는 것은 예외적이거나 특별한 경우다.

우리는 또한 침묵, 묵상, 평온함, 적절한 시간과 장소의 확보, 하느님을 대하는 진정성, 인간 심리 기능의 질서 있는 수련과 같은 기도 활동에 필요한 이러한 일반적인 조건에 대해 언급한 바 있다.

기도 스승

기도를 시작하고 진행하는 그리스도교적 방법에는 일반적으로 기도 스승이 있다. 그들은 초보자들이 하느님과의 관계를 성숙시키는 데 앞장서고 모범과 조언으로 격려한다.

예수님의 제자들은 예수님께서 기도하고 오시는 것을 보고 감동

---

* 향주삼덕向主三德(믿음, 희망, 사랑)이라고도 한다. 하느님과의 관계에서 하느님을 향해 나아가는 인간이 지켜야 하는 기본 덕목이다. ─ 역자 주

하여, 세례자 요한이 제자들에게 했던 것처럼 기도하는 법을 가르쳐 달라고 간청했다(루카 11,1 참조). 거기에서, 그리고 그분의 개인적인 모범에서 기도하는 방법에 대한 예수님의 가장 근본적인 가르침이 나온다.

많은 이가 이러한 주님의 가르침과 그리스도교 영성 역사의 훌륭한 기도 스승들에게서 기도하는 법을 배웠다. 그리하여 하느님을 향한 이 모험에 다양한 방법이 통합되었다.

우리는 아우구스티노 성인이 프로바Proba에게 보낸 편지와 다른 성찰들을 통해, 성인이 기도의 스승이라는 사실을 부인할 수 없다. 또한 카르투시오 수도회 원장 구이고 2세Guigo II Carthusiae prior가 이미 영혼들의 기도를 인도하는 데 큰 영향을 미치는 체계적인 기초를 제공했다는 점도 인정하지 않을 수 없다.[13] 소위 '새로운 신심 운동Devotio moderna'[14]은 《그리스도의 삶에 대한 묵상Meditationes vitae Christi》에서 후대 몇 세기 동안 많은 기도 수행자가 따랐던 기도 방식을 전수했다. 비록 일부 후기 대표자들이 제안한 체계적인 복잡함은 버렸지만, 기도 수행자들은 거기에서 제시하는 기도 방법을 따랐다.[15]

로욜라의 이냐시오 성인은 《영신 수련》에서 현재 보편적으로 인정되는 다양한 기도 방법을 남겼다.[16] 예수의 데레사 성녀와 십자가의 요한 성인은 기도 생활의 특별한 박사들이다. 그리고 다른 영적 스승들 역시 오늘날까지 그들을 따르고 있다. 20세기의 자쿠모 레

르카로Giacomo Lercaro 추기경은 자신의 책에서 정신 기도에 관한 일련의 다양한 방법을 수집했는데, 여러 스승에게 물려받은 이 방법들은 교회 역사 전반에 걸쳐 번성한 것이었다.[17]

무엇보다 이러한 그리스도교 기도 방법에 공통적인 몇 가지 가르침을 강조할 필요가 있다. 요한 바오로 2세 성인 교황은 우리 시대에 생겨난 지침과 동방 교회 전통의 기도 방법에 관해 교황청에 접수된 많은 요청에 응답하기 위해, 그리스도교 묵상 방법에 관해 가톨릭 교회 주교들에게 보내는 서한을 작성하라고 명령했다. 그리고 신앙교리성에서 1989년 10월 15일, 예수의 데레사 성녀의 축일에 이를 발표하였다.[18] 그리스도교 기도 방법의 특성을 담은 이 서한은 사람을 그릇된 길로 인도할 수 있는 기도 방법을 구별하기 위해 발행되었다.

기도의 세 가지 단계

일반적으로 기도의 길에 단계가 있다는 사실이 받아들여진다. 이 길에는 단계마다 지속되는 기간이 있고, 단계별로 우위를 점하는 기도의 유형이 있다. 보통 이 단계를 정화, 깨우침, 일치라는 이름으로 부르며, 그 진보하는 과정 전반을 '여정'이라고 한다.

'우위를 점한다.'라는 표현을 사용한 이유는 기도 여정 중에 각 단계에서 우연히, 그리고 길거나 짧은 기간 동안, 여러 유형의 활동이나 방법이 섞이면서 더 전형적인 활동이 지배적으로 자리 잡을 수 있고, 나중에는 다른 방식이 뒤따라 그 자리를 차지하면서 단계의 성격이 바뀔 수 있다는 점을 표현하기 위함이다.

정화의 여정 via purgativa

사람이 자신의 죄와 잘못을 정화하려면 고행과 금욕이 필요하다. 보통 이 첫 단계를 상대적으로 강렬하게 체험하는 이유는 자신의 인격과 사명에 대한 하느님의 뜻을 삶 속에서 찾고, 인식하고, 받아들이는 데 장애가 되는 부족한 면들 때문이다. 즉 하느님과의 교제를 원하면서도 여전한 이기적인 본능, 자신의 죄, 진실하지 못한 점, 하느님과 이웃에 대한 부족한 사랑을 정화해야 하는 것이다.

그런데 사람들이 하느님의 뜻을 더욱 온전히 수행할 수 있는 자유를 얻는 근본적인 자기 부정으로 이끌어 주기를 원하는 이 고행과 금욕은, 하느님께서 때때로 이 단계의 사람들에게 깨달음(또는 신비로운 은총)을 주시어 그들이 집착을 쉽게 버리도록 하시고, 기도로 그분을 찾겠다는 결심을 격려하시는 것을 막지 않는다.

깨우침의 여정 via iluminativa

어느 정도 영적 정화를 얻은 사람은 그리스도의 가르침과 삶의 태도를 더 감지하고, 많은 추론 없이 단순한 시선으로 그리스도의 가르침과 초자연적 진리를 통찰할 수 있는 능력이 향상된다. 그러므로 이 단계의 사람은 자기 삶과 다른 사람들의 삶, 또는 그들과의 관계에서, 위에서부터 그에게 육화하여 내려오는 빛을 더 기꺼이 받아들이고 포착하려고 한다.

기도 생활의 이 단계를 흔히 깨우침의 여정이라고 부른다. 그러나 이 단계에 있는 사람이 점점 더 섬세해지는 정화를 계속할 필요가 없고, 더 깊은 영적 시험을 겪을 필요가 없다는 것을 의미하지는 않는다.

일치의 여정 via unitiva

영성의 역사가 증명하듯이, 기도하는 사람은 하느님과의 사랑 가득한 실제적 일치 그리고 의지와 행위의 특별한 경험에 도달할 수 있다. 이 단계에서 인간은 하느님께서 원하시는 것만 원하고, 원하지 않으시는 것은 원하지 않는다고 할 수 있다.

이제 인간의 기도 생활은 그가 행한 것보다 받는 게 더 많아지는 방법으로 단순해진다. 그는 일치의 여정을 살고 있다고 말할 것이다. 그런데도 그는 계속해서 스스로 자신을 정화하고, 동시에 하느님의 주도로 정화되며, 자기 행동과 의도에 대해 하느님으로부터 깨우침을 받는다.

또한 그리스도인의 기도와 생활에서는 인격적 자아가 없어지지 않는다. 하느님과 그분의 피조물 사이의 타자성은 기도의 모든 수준이나 단계에서도 유지된다. 게다가 기도하는 사람은 자신이나 자신의 개인적 이익에 갇히지도 않고, 하느님의 사랑으로 점점 더 변화되어 하느님의 모든 자녀를 향한 보편적인 사랑에 점점 더 자기 마음을 연다(1요한 5,1-2 참조).

발생할 수 있는 몇 가지 오류

첫 번째 오류

아직 도달하지 못한 기도의 단계를 스스로 만들고 싶어 하는 것은 오류다. 겸손은 하느님을 기쁘시게 하는 길이다.

"하느님께서는 교만한 자들을 대적하시고 겸손한 이들에게는 은총을 베푸십니다."(1베드 5,5; 야고 4,6; 잠언 3,34 참조)

예수의 데레사 성녀가 《영혼의 성 Las Moradas》에서 보여 주듯이, 기도 생활에서 기도와 금욕은 하나로 결부되어 서로 상관관계가 있다. 기도하는 사람은 하느님께서 원하실 때마다 베풀어 주시는 은총을 거부하지 않고 받아들이며, 하느님을 결코 자기 마음대로 조절할 수 없는 피조물이다. 빛과 어둠은 본성상 서로 양립할 수 없다. 은총은 인간의 저항으로 생긴 장애물을 이기게 되어 있다.

두 번째 오류

겸손은 피조물에게 하느님의 축복을 가져오는 길이다(루카 1,48 참조). 반면, 하느님께서 친히 세상에 오셔서 세상과의 소통을 위해 선택하신 중개를 무시하는 것은 경솔한 오만이다.

"나를 통하지 않고서는 아무도 아버지께 갈 수 없다."(요한 14,6)

이와 관련해서 요한 바오로 2세 성인 교황은 데레사 성녀의 가르침을 기리는 강론을 할 때, "그리스도교에서는 의미가 없는" 정신적 공허함을 옹호하는 여타의 방법들에 반대하고서 다음과 같이 덧붙였다. "모든 기도 방법은 그리스도에게 영감을 받고 길이요 진리요 생명이신 그리스도께로 이끄는 한 타당합니다."[19]

사람들은 각자 하느님께서 자신을 인도하시는 길과 단계, 방법을 받아들여야 한다. 따라서 데레사 성녀가 그랬듯이, 훌륭한 신학자이자 기도 생활에 경험이 많은 고해 사제의 조언을 구하는 것이 좋다.

세 번째 오류

그리스도교 기도의 역사가 우리에게 제시한 방법은 매우 다양하다. 잘못된 방법에 속지 않고 각 개인과 그들이 처할 수 있는 특정 상황에 가장 적합한 방법으로 진행하려면, 기도 경험이 많은 사람의 조언을 참고하는 것이 좋다. 이는 내가 가장 좋아하는 화밀花蜜을 선택하여 꽃에서 꽃으로 이동하는 것이 아니라, 영혼을 인도하기 위해 영혼의 힘이 되시는 성령의 인도에 순종하는 것이다(로마 8,12-16 참조). 올바른 식별을 위해서는 영적 지도가 도움이 된다.

> 마음에 새기기

- 하느님께서는 기도 안에서 당신께서 원하시는 사람을, 원하시는 때에, 원하시는 결과로 인도하실 수 있다.
- 예수님의 제자들은 예수님께 기도하는 법을 가르쳐 달라고 간청했다. 우리는 그분의 기도에서 근본적인 기도 방법에 대해 배울 수 있다.
- 기도 여정에는 단계가 있으며, 기도하는 사람은 하느님께서 자신을 인도하시는 길과 단계, 방법을 받아들여야 한다.

렉시오 디비나, 말씀과 함께

구약 성경에서

기도 방법의 유래를 살피다 보면, '렉시오 디비나*'를 발견하게 된다. 하느님께서는 인간에게 당신의 뜻을 표현하심으로써, 인간이 그분의 계명을 충실히 지키기 위한 실천 사항을 알려 주신다.

"들어라! 주 우리 하느님은 한 분이신 주님이시다. 너희는 마음을 다하고 목숨을 다하고 힘을 다하여 주 너희 하느님을 사랑해야 한다.

---

* 렉시오 디비나란, 믿음을 전제로 한 성경 읽기로서 기도 분위기 속에서 말씀과 친숙해지고, 말씀에 맛 들이면서 하느님의 말씀에 따라 살기 위한 독서 방법이다. 단순히 읽는 것에 그치는 것이 아니라 기도하면서 관상에까지 이르게 된다. 즉 성경을 읽을 때 그 말씀을 하느님의 생생한 말씀, 더 나아가 하느님 자체로 받아들이게 되는 성경을 통한 기도 방법의 하나다. ─역자 주

오늘 내가 너희에게 명령하는 이 말을 마음에 새겨 두어라. 너희는 집에 앉아 있을 때나 길을 갈 때나, 누워 있을 때나 일어나 있을 때나, 이 말을 너희 자녀에게 거듭 들려주고 일러 주어라."(신명 6,4-7)[20]

첫 번째로 권장되는 실천 활동은 '듣기'다. 주님과의 대화이자 그분 뜻의 성취를 추구하는 기도는 무엇보다도 주님께서 인간의 삶에 대해 말씀하신 것과 인간에게 바라시는 내용을 성찰해야 한다.

우리는 성경을 읽고 우리에게 말씀하시는 내용에 주의를 기울임으로써 주님께서 인간에게 주신 말씀의 의미를 발견할 수 있다. 경청은 단순히 낭독하는 것을 듣는 것이 아니라, 그 말씀이 우리에게 전달하고자 하는 바를 받아들이기 위해 주의를 기울이는 것이다. 우리는 자신 안에 그것들을 동화시키고, 우리 자신이 그것들을 통해 변화하도록 관심과 시간을 바쳐야 한다. 그래야만 각 사람이 그 말씀들을 후손에게 충실하게 전달할 수 있다. 앞서 언급한 신명기 본문은 우리가 '이 말씀들을' 마음에 새겨 두고, 다양한 일상적인 상황에서, 즉 집에서나 밖에서나, 누워서나 일어서나 묵상해야 한다고 덧붙인다.

또한 시편 119편은 이스라엘 백성을 대표하는 시편 저자가 어떤 태도를 유지하고 실천했는지 풍부하게 표현한다. 우리는 이를 위에서 인용한 주님의 계명과 완벽하게 연관시킬 수 있다.

"젊은이가 무엇으로 제 길을 깨끗이 보존하겠습니까? 당신의 말씀을 지키는 것입니다. 제 마음 다하여 당신을 찾습니다. 당신 계명을 떠나 헤매지 않게 하소서. 당신께 죄짓지 않으려고 마음속에 당신 말씀을 간직합니다. 주님, 당신께서는 찬미받으소서. 제게 당신 규범을 가르치소서. 당신 입에서 나온 모든 법규를 제 입술로 이야기합니다. 온갖 재산을 얻은 듯 당신 법의 길로 제가 기뻐합니다. 당신 규범을 묵상하고 당신 길을 바라보오리다. 당신 규범으로 제가 기꺼워하고 당신 말씀을 잊지 않으오리다. 당신 종에게 선을 베푸소서. 제가 살아 당신 말씀을 지키오리다."(시편 119,9-17)

우리는 참된 신자가 하느님의 말씀과 계명을 물질적으로 소유하는 것에 만족하지 않고, 그것을 자신의 기억 속에 현존시키고, 이해하려고 노력하고, 자신 안에 동화시키고, 그것을 성취하게 해 달라고 청하고, 주님의 말씀을 기꺼이 받아들여, 그것을 자기 삶의 발걸음에 대한 지침으로 삼아야 한다는 것을 안다.

참된 신자는 기도하고 묵상한다. 그리고 이러한 필요 작업을 실천할 수 있도록 하느님께 도움을 청한다. 신자 본연의 행위인 '묵상'은 이미 구약 성경에서부터 권장되고 실천되는 것이지, 그리스도 이후에 수 세기에 걸쳐 창조된 것이 아니다.

신약 성경에서

루카 복음서는 마리아가 하느님께서 보내신 천사 가브리엘의 말씀을 듣고 처음에는 몹시 놀랐지만 그 말씀의 의미에 대해, 그리고 그 말씀이 자기 삶에 미칠 수 있는 결과에 대해 숙고했음을 전한다.

"마리아는 몹시 놀랐다. 그리고 이 인사말이 무슨 뜻인가 하고 곰곰이 생각하였다."(루카 1,29)

마리아의 이러한 반응에 천사가 이어서 응답한다(루카 1,26-33 참조). 마리아는 온전히 시편 저자의 태도로 살았다. 다른 경우에도 우리는 마리아가 당신 아들을 통해 묵상했거나, 어떤 방법으로든 하느님에게서 나온 말씀과 행위 앞에서 기도하고 관상하는 태도를 보이는 것을 볼 수 있다(루카 2,19.51 참조).

또한 바오로 사도는 묵상이 신약 시대에 일반적이었음을 증언한다. 티모테오는 바오로 사도의 권고를 받았는데, 이단자들을 상대하기 위해 독서와 묵상, '믿음의 말씀과 훌륭한 가르침'(1티모 4,6 참조)으로 기초를 굳건히 다져야 했고, "성경 봉독과 권고와 가르침에 열중해야 했으며, 받은 은사를 소홀히 여기지 말아야 했고, 이 일에 관해 묵상하고 전념하여" 살아가면 "그가 더욱 나아지는 모습이 모든 사람에게 드러나게 될 것"이라는 내용이었다(1티모 4,13-15 참조).

초대 교회에서

우리는 초대 교회 교부들의 권고에서 그리스도에 초점을 맞춘 태도로 하느님의 말씀을 묵상하는 기도 방법을 찾을 수 있다. 이 하느님 말씀의 묵상은 이미 유대교에서 실천하던 것이다. 동사 '멜레타오meletáo'는 '마음을 쓰다, 주의를 기울이다, 상상하다, 연구하다.'라는 뜻을 가진 그리스어 동사다. 이 단어는 유다인 전통을 신약 성경에서 이어받은 기도하는 태도를 찾는 데 유용하다.

코린토인들에게 보낸 클레멘트의 편지에서, 그리스도는 우리를 참된 지혜의 기쁨과 그분의 업적을 본받도록 이끄는 내적 관상의 대상으로 제시된다(21항과 36항 참조). 이레네오 성인에 의하면, 바오로 사도가 말한 이 세상 지혜를 따르지 않고 완전한 사람은 하느님의 성령을 받고 밤낮으로 하느님 말씀을 묵상하며 선한 행실로 단장하여 살아가는 사람이다.[21]

그리고 유스티노 성인은 트리폰Trifon에게 이렇게 썼다.

"나는 모든 사람이 나와 같은 열정을 갖고 구세주의 말씀에서 떠나지 않기를 바랍니다. 그 말씀에는 경건함이 있어서 올바른 길에서 벗어난 사람들을 움직이고, 그 말씀을 묵상하는 사람들에게 가장 감미로운 휴식이 되기 때문입니다."[22]

유사한 가르침은 알렉산드리아의 클레멘스, 치프리아노 성인, 암브로시오 성인 등에서도 찾아볼 수 있다.

중세 교회에서

하느님의 말씀을 읽고, 그 의미와 그리스도의 행위를 묵상하며, 하느님께서 우리에게 요구하시는 행동을 그 안에서 찾고, 자신의 삶을 밝히고, 그것을 실천하려고 노력하는 것은 하느님께 대한 청원의 이유이며, 기쁨과 희망의 원천이다. 선한 일에 대한 힘과 인내, 찬미, 그리스도를 대적하는 세상의 지혜에 반대하는 희망은 특별히 그리스도교 기도의 근원이며, '렉시오 디비나'라고 불리는 방법의 요소를 담고 있다.[23]

오늘날 교회에서

우리는 이것이 오늘날 '렉시오 디비나'라는 이름으로 제시되는 방식과 실질적으로 부합한다고 인정할 수 있다. 그런데 시간이 지남에 따라 그것이 '영적 독서', 다양한 의미를 지닌 '묵상' 그리고 '관상'이라고 계속 변화되는 이름으로 불릴 때도 합당한가?

베네딕토 16세 교황은 카르투시오회Ordo Cartusiensis가 고유의 기도 방법(독서, 묵상, 기도, 관상)으로 제정한 체계에 '활동'을 추가했다.

우리 삶에서 해야 할 일에 대해 우리가 개인적으로 묵상하면서 하느님의 뜻으로 동화한 것을 실천하게 될 때 그 체계가 완성된다는 말이다.[24] 또한 교황은 그리스도교 기도의 만남을 다음과 같이 요약한다.

"그분은 시작과 끝이며, '만물은 그분 안에서 존속합니다'(콜로 1,17). 하느님의 말씀을 듣고 묵상하기 위해 침묵합시다. 그러면 성령의 효과적인 작용을 통해, 그 말씀이 우리 생애 모든 날 동안 계속 머물고, 생활하고, 말씀하실 것입니다."[25]

이냐시오 성인은 보통 독서 시간을 묵상, 기도, 관상의 시간과 분리한다. 마치 수련자가 잠들기 전에 다음 날 일어나서 해야 할 수련을 미리 요약하고 정리하듯이 독서도 미리 읽고 묵상해야 한다는 것이다.[26] 성인은 '부칙Adiciones'이라고 부르는 공지에서 전체적으로 기도 시간에 앞서 이루어져야 하는 준비에 대해 훨씬 더 많이 언급한다.

게다가 앞에서 언급한 '열 가지 부칙'에 여덟 가지 사항을 추가하여, 기도하는 사람이 낮 동안 기도할 주제에 가장 알맞은 외부 및 내부 환경을 찾고, 슬픔이나 기쁨 등 성찰할 주제에 따라 감각을 적절히 집중하고 어떻게 고행해야 하는지 조언한다. 그리고 수행할 기도에 들어가기 위해 바로 준비할 자세를 갖추는 방법을 다룬다.[27]

이냐시오 성인은 렉시오 디비나에 인간의 모든 능력을 쏟는 방법을 시도한다.

> 마음에 새기기

- 참된 신자는 기도하고 묵상한다. 그리고 이를 실천할 수 있도록 하느님께 도움을 청한다.
- 마리아는 하느님의 말씀의 의미에 대해, 그리고 그 말씀이 자기 삶에 미칠 결과에 대해 곰곰이 생각했다. 우리 역시 하느님에게서 나온 말씀과 행위를 묵상해야 한다.
- 그리스도는 우리를 참된 지혜의 기쁨과 그분의 업적을 본받도록 이끄는 내적 관상의 대상이다.

영혼의 세 가지 능력을 활용하는 기도

영혼의 능력을 활용하는 이냐시오 묵상

이냐시오 묵상으로 알려진 이 방법은 이냐시오 성인이 그의 수련 '첫 주'에 지시한 것이다. 그러나 이것은 이냐시오 수련에서 유일한 것이 아니며, 가장 많이 사용되는 것도 아니다. '반복'과 '감각의 적용' 같은 것들을 수반하거나 포함하는 소위 '관상contemplatio'이 사실상 이 묵상보다 훨씬 더 풍부하다.

'영혼의 세 가지 능력을 활용하는 기도'는 영혼의 세 가지 능력, 즉 기억력, 이해력, 의지력의 행사에 중점을 둔다는 사실에 기인한다. 그러나 실제로 이 기도에는 상상력, 애정, 감수성, 직관력, 그리고 무엇보다도 믿음, 희망, 사랑이 발휘된다.

자세히 살펴보면, 인간의 가장 일반적인 기능 순서에 따라 특정 행동을 인간의 삶에 동화시키는 것 말고는 아무것도 하지 않는다. 이는 우리 자신을 하느님의 뜻에 동화하게 하는데, 바로 인간을 인도해야 하는 '원리'에 따라 수행자가, 준비 기도에서 청원하는 것[28]을 성취하기 위해 가장 적합한 능력을 최대한 활용하는 것이다.[29]

기도의 실행

기도의 시작

이 방법에서는 기도하러 갈 때, 수행하려는 수련에 적합한 상상과 감정으로 마음을 사로잡으라고 조언한다. 죄를 묵상할 때는 마치 하느님께 많은 선물과 은총을 받은 후에, 자신이 모욕하고 속인 장상이나 아버지 앞에 서거나, 사형에 합당한 죄수로서 판사 앞에 서거나, 이와 비슷한 다른 생각을 하여 부끄러움과 내면의 수치심을 키운다.

기도하는 장소에 도달하기 몇 걸음 전에는, 하느님 앞에서 자신을 인식하고, 하느님을 바라보고 환대하며, 육체적으로 그분에게 존경이나 겸양의 표현을 해야 한다. 이냐시오 성인에 따르면, 기도하는 동안 취해야 할 신체 자세는 기도하는 사람이 하느님에게서 원하는 것을 찾는 데 가장 적합하다고 한다. 이는 땅에 엎드리기, 눕기, 서기, 앉기, 무릎 꿇기 등이다. 중요한 것은 일단 기도 바치기에 좋은 자세를 취하고, 기도하는 이가 바라는 빛과 하느님의 은총

을 찾으면 걱정하거나 조바심 내지 말고, 거기에서 그대로 머무는 것이다.

기도 준비를 하고 나면, 묵상 주제에 집중하고, 그 주제에 해당하는 장소에 상상력을 적용한다. 예를 들어 그리스도의 생애가 나오는 장면이라면, 복음서의 내용에 따라 그분이 계신 물질적인 장소가 될 것이다. 혹은 미덕, 죄, 질투, 겸손과 같은 추상적인 주제를 묵상한다면 상상 속 장면이 떠오를 것이다. 예를 들어 이냐시오 성인이 죄에 관해 말한 것처럼, 자신이 계곡에 유배되어 사나운 동물들에 둘러싸여 있다고 상상하는 것이다. 이것을 바로 '장소 구성'이라고 부른다.[30]

그런 다음 계획한 묵상을 통해 은혜를 받을 태세를 갖춘 상태에서 정성을 다해 원하는 은총을 구한다. 만약 묵상 주제가 부활하신 그리스도라면, 기쁨에 찬 그리스도와 함께 기쁨을 구할 것이다. 수난에 관한 것이라면, 그리스도의 수난에 따른 고통, 눈물, 슬픔 등을 구할 것이다.

묵상의 전개

묵상이 진전되면 기도하는 사람은 (그의 상상력과 열성으로) 진행하려는 묵상 주제에 집중하게 된다. 그리고 이제 기억력, 이해력 내지는 지성, 그리고 의지력이라는 세 가지 정신 능력을 행사하기 시작한다. 이는 인간 활동의 일반적인 순서로, 주제를 기억하지 않고는 그

내용을 추론할 수 없고, 해석하거나 적용하려는 시도도 할 수 없다. 그리고 주제가 다양한 측면, 시대 또는 사건을 포함하는 경우, 그것을 소위 1, 2, 3번 순서로 요점을 나누어야 한다. 우리의 힘은 이미 언급한 자연스러운 순서에 따라 각 요점에서 행사된다.

이 활동은 향주덕의 수행을 통해 밝혀진다. 기억력은 계시된 사실이나 진실을 기억한다. 이해력 내지는 지성은 성령의 영감과 움직임에 귀 기울이고, 수용하고, 이용할 수 있는 태도를 보임으로써, 신앙의 빛에 의해 조명을 받는다. 그리하여 신앙에 내포된 뜻과 의의, 신앙이 자신의 삶에 끼치는 실천적 영향 등을 깨닫게 된다. 성령께서는 완전한 진실을 계시하고, 그리스도의 말씀과 삶에서 각자에게 나타난 하느님의 뜻에 맞게 영혼을 움직여 이끄실 수 있는 분이시기 때문이다.

의지, 애정, 인간적 감성, 영적 감수성은 신앙으로 비추어진 지성이 제공하는 선을 따라 움직이기를 원하고 바라게 될 것이다. 그리하여 성령의 움직임이 인간을 어떻게 기울게 하고, 움직이고, 미래를 향해 나아가는지 느낄 수 있다.

그곳은 하느님과 친교의 아름다움과 선함을 내적으로 맛보며, 영혼이 변화되어 자기 성화의 길에서 성령의 인도를 받게 되는 곳이다. 이것이 바로 교회의 다양한 구성원들이 그리스도의 몸인 교회 안에서 수행할 다양한 가능성과 사명을 가지고 형성되고 발전되는 방법이다(에페 4,11-16 참조).

하느님과의 특별한 소통을 체험하는 곳에서 서두르거나 멈추지 않고, 묵상의 다양한 지점을 통과한 후에는 담화로 수련을 마무리한다. 이냐시오 성인은 그 안에서 삼위일체이신 하느님이나 동정 성모 마리아 또는 성인들과 이야기를 주고받으라고 조언한다. 마치 친구가 친구에게 말하거나 혹은 '종이 자기 주인'에게 원하는 은혜를 구하듯이, 자신을 돌아보며 잘못한 일에 대해 용서를 구하고, 자신이 처한 상황을 알리고 조언을 구하며 자기 소원을 표현하는 것이다.

그리고 하느님 아버지와 대화했다면 주님의 기도로 마무리하고, 그리스도에게 직접 말했다면, 이냐시오 성인의 '그리스도의 영혼 Alma de Cristo'으로 마친다. 그리고 동정 성모 마리아와 이야기했다면 '성모송'을 바치면서 끝내야 한다.[31]

그리스도의 영혼 Alma de Cristo

그리스도의 영혼은 저를 거룩하게 하소서.

Alma de Christo, santifícame.

그리스도의 몸은 저를 구원하소서.

Cuerpo de Christo, sálvame.

그리스도의 피는 저를 취하게 하소서.

Sangre de Christ, embriágame.

그리스도의 늑방의 물은 저를 씻어 주소서.

Agua del constado de Cristo, lávame.

그리스도의 수난은 저에게 힘을 주소서.

Pasión de Cristo, confórtame.

오, 착하신 예수님, 저의 기도를 들어주소서!

ioh mi buen Jesús, óyeme!

당신의 상처 속에 저를 숨겨 주시고

Dentro de tus llagas, escóndeme.

당신을 떠나지 않게 하시며

No permitas que me aparte de Ti.

사악한 원수에게서 지켜 주소서.

Del maligno enemigo, defiéndeme.

제가 죽을 때에 불러 주시어

En la hora de mi muerte, llámame.

당신께 오라 명하시고

Y mándame ir a Ti.

당신의 성인들과 더불어

Para que con tus santos te alabe.

영원토록 당신을 찬미하게 하소서. 아멘.

Por los siglos de los siglos. Amén.

이냐시오 묵상에 덧붙이는 의견

때때로 무지로 인해 폄하되기도 하는 하는 이 기도 방법에 대해 조금 생각해 보면, 이 안에는 철학적이거나, 이성적이고, 인간적인 것이 전혀 없다. 인간은 그 안에서 초자연적 은총을 얻기 위해 전인적으로 행동하는데, 이는 묵상 기도에서 원하는 완전히 인간적인 행동의 정상적인 요구와 은총 작용의 요구 사항에 따라 움직이는 것이다.[32]

이 방법은 인위적으로 복잡할 필요가 없으며, 그렇다고 한갓 심리적인 수련으로 여길 필요도 없다. 그것은 그저 하느님의 선물로, 간절하게 원하는 어떤 것에 필요한 정상적인 요소들을 은총의 처분에 맡겨 받도록 노력하는 것이다.

> 마음에 새기기

- '영혼의 세 가지 능력을 활용하는 기도'는 기억력, 이해력, 의지력의 행사에 중점을 둔다.
- 이 기도를 할 때는 수행하려는 수련에 적합한 상상과 감정으로 마음을 사로잡아야 한다.
- 기도하는 사람은 향주덕의 수행을 통해 성령의 움직임이 자신을 어떻게 나아가게 하는지 느낄 수 있다.

이냐시오 관상, 그리스도 생애의 신비를 묵상하는 법

주님의 생애를 묵상하는 이냐시오 관상

이냐시오 관상은 이를 실행하는 사람이 이전에 묵상을 수련했으며, 자신의 영혼과 영적 감수성의 능력도 정화했다고 가정한다. 무질서한 성향으로 인해 흐려지고 앞을 보지 못하게 된 지향의 눈은 그리스도의 순결한 지향과 깨끗한 감성을 포착하고 거기에 빠져들 준비가 되어 있지 않다. 마음의 순수한 눈은 그 자체가 하느님의 말씀인 빛과 같아서 자신을 비추어 바라보게 한다. 그리고 사람이 되신 하느님의 말씀은 우리에게 참된 생명의 길을 계시해 주는 말씀이다.

이냐시오 관상은 《영신 수련》 둘째 주에 있다. 첫 주의 정화 기간을 앞에 하지 않고 곧바로 이 길에 들어가려는 것은 잘못된 일이다.

이냐시오 관상에서 기도하는 주제는 그리스도 생애의 '신비'다. 곧 강생, 마리아의 엘리사벳 방문, 예수님의 탄생 등이다. 이 수련에서는 그리스도 생애의 사건들을 '신비'라고 부른다. 실제로 그 자체가 신비이기도 하고, 또한 기도하는 사람의 관상을 위해 신비로 작용하기 때문이기도 하다.

그 사건들 각각은 구세주의 삶 전체와 마찬가지로 구원의 성격을 갖고 있다.[33] 우리 각자를 향한 아버지의 뜻은 그리스도의 삶 안에서 우리에게 드러난다. 다시 말해 참된 삶의 길은 그분을 따르라고 교회에서 우리를 부르시는 소명에 따라 성령께서 각 사람 안에서 일깨우는 빛과 활동으로 이루어진다. 각각의 신비에는 그리스도인이 그리스도를 따르고, 그분을 본받아, 자기 시대에 변화하는 삶의 환경 속에서 예수 그리스도의 형상을 체현하라는 부르심이 담겨 있다. 따라서 교회 안에서 소명과 직무도 다양하지만, 우리는 성화의 길에서 당신을 따르는 모든 이의 모범이신 예수님과 항상 닮게 된다(로마 8,28-30 참조).

관상의 절차

길잡이, 성찰할 사항, 마무리 담화로 이루어진 관상의 구조는 묵상의 구조와 유사하다. 그러나 수련의 절차는 서로 다르다. 인간이 본래 지닌 단순한 능력이 관상 활동에 투입되는데, 주된 활동은 예수님의 모범에서 관찰할 수 있는 그분의 행동과 내적 태도에 의해 정화된 직관력과 영적 감각, 열정, 그리고 감동과 매력을 느끼며 내적으로 변화되는 것이다.

기도하는 사람들 일부는 이 방법과 소위 '감각의 적용'에서 상상력을 사용하는 것에 대해 걱정한다. 그들은 그런 장면을 상상할 능력이 거의 없다고 말하는 것이다. 그러나 앞으로 살펴보겠지만, 그것은 영적 능력, 즉 믿음, 희망, 사랑을 사용하는 것이다. 인간이 신앙의 빛으로 자신의 미래를 비추는 상상력은 사용하지 않더라도, 각 사람이 가지고 있는 섬세함을 이용할 수 있다. 중요한 것은 그것을 성령의 도우심에 맡기는 것이다.

모든 기도 수련에서 항상 바치는 준비 기도 후에는 묵상할 그리스도의 생애에 관한 요약되고 종합적인 기억을 도입한다. 이것이 바로 관상할 줄거리다. 그런 다음 '장소 구성'을 이어 간다. 기도하는 사람은 상상으로 보고, 묵상하는 역사가 일어나는 장소에 '마치 그가 현존하는 것처럼' 영적으로 자신을 거기에 둔다. 예를 들어 나자렛에서 베들레헴으로 가는 길, 마을의 집들, 길, 동굴, 목자들의 들판 등에 자리를 잡는 것이다. 그런 다음 자신의 관상에서 얻고자 하는 은총, 즉 예수 그리스도에 대한 내적 인식에 집중한다. 즉 예수 그리스도께서 당신 사랑으로 실천하기를 원하신 그 신비에 주의를 기울이는 것이다. 그리고 기도하는 사람은 그분을 더 사랑하고 잘 따르게 해 달라고 청원한다.

관상의 전개

바로 여기서부터 관상 능력facultates contemplativae의 수련이 실질적으로 시작된다. 이는 능동적이기보다는 수동적인 성격이 강한 수련이기 때문에, 권한을 부여받아 갖게 되는 능력을 의미하는 용어(facultas)를 사용한다.

신비 속의 인물들을 보는 것

첫 번째는 마치 그리스도의 삶의 현장에 있는 것처럼 그 사건에 개입하는 다양한 사람들, 예를 들어 마리아, 요셉, 목자, 천사 등을 바라보는 것이다. 주로 그들이 가질 수 있는 구원의 의미를 염두에 두면서 그들의 태도, 위치, 몸짓에 머무르려고 노력한다. 마치 장면을 묘사한 그림을 생각하는 사람처럼 관상하는 것이지만, 이냐시오 성인은 기도하는 사람이 그 사건 속에 살아 있는 사람들 가운데 있는 하나로서 현존하라고 조언한다. 하느님의 말씀이 서술된 대로 거기에서 관상하는 사건의 구원적 의미는, 우리가 기도할 때 우리를 도와주시는 성령의 활동을 통해 기도하는 사람에게 전달된다.

이러한 수련의 단계 중 어느 하나도 서두를 필요가 없다. 오히려 기도하는 사람은 수련이 진행되는 동안 성령께서 그의 영혼을 깨우시고 움직이시는 데에 내적으로 주의를 기울여야 한다. 그리고 그는 계속 나아가려는 조바심 없이 자신이 받는 빛의 은총이나 내면의 힘을 속으로 즐기면서 자신에게 생동감을 주는 곳에서 머무르면 된다.

사람들이 하는 말을 듣기, 그들의 말에 집중하고, 알아차리고, 관상하기

신비 속 사람들의 몸짓과 태도의 의미는 그들이 하는 말을 통해 우리에게 전달된다. 그래서 두 번째로 제안하는 것은 우리가 적극적으로 참여할 수 있는 장면에서 사람들이 말하는 것을 듣고, 알아차리고, 관상해 보는 것이다. 성령께서 거룩한 저자에게 영감을 주신 말씀은 우리가 믿음, 희망, 사랑의 실천을 통해 그리스도의 몸인 교회의 지체로서 성화되는 데 도움을 준다.

각 복음 장면의 말씀은, 계시로 우리에게 전달된 다른 본문과 교회의 가르침에 의해 전부 그 의미가 밝혀진다. 그것들은 서로 모순될 수 없고, 오히려 성경 전체의 통일성 안에서 서로 보완한다. 그리고 진리의 확실한 카리스마를 받은 교도권에 의해서도 그러하다.

우리는 어떤 유익을 얻으려면 그것들을 성찰해야 한다. 《계시 헌장 Dei Verbum》도 다음과 같이 상기한다.

"성전聖傳은 성령의 도우심으로 교회 안에서 발전한다. 전해진 것들과 말씀들에 대한 이해가, 마음 깊이 그것을 새겨 간직하는 신자들의 명상과 공부로써, 영적인 것들에 대한 좀 더 깊은 인식을 통해 쌓이는

경험으로써, 그리고 주교직 계승을 통해 확고한 진리의 은사를 받은 이들의 설교로써 증진된다."(8항)

사람들이 하는 일을 보기, 그들이 무엇을 하는지 생각하기

세 번째로는, 그들이 무엇을 하는지 살펴보고 생각해 보는 것이다. 행동은 말의 의미를 구체화하고 성령께서 우리 삶에 보여 주고자 하시는 모범을 전달한다. 따라서 각자 부르심을 받은 직분에 따라 그 직무에 맞게 봉사하면 예수 그리스도의 형상이 될 수 있다.

그래서 바라보는 것은 단순한 외적인 모습이 아니라, 관상한 신비 속에서 활동하는 성스러운 인물들의 감정과 태도를 살피고, 그들이 우리에게 모범을 보여 주도록 그들을 움직이게 한 의도가 어떤 것인지, 또는 성경 저자가 본문에 기록하고 싶었던 내용을 우리에게 전달하도록 성령께서 제공하신 영감이 무엇일까를 감지해야 한다. 바오로 사도는 티모테오에게 이렇게 상기시켰다.

"성경은 전부 하느님의 영감으로 쓰인 것으로, 가르치고 꾸짖고 바로잡고 의롭게 살도록 교육하는 데에 유익합니다. 그리하여 하느님의 사람이 온갖 선행을 할 능력을 갖춘 유능한 사람이 되게 해 줍니다."(2티모 3,16-17)

성령의 빛은 그리스도 사랑의 미묘한 의미와 깊이를 알면서, 그리스도를 더 사랑하기 위한 내적 인식으로 이어져야 한다. 그러면 결과적으로 우리가 관상하는 신비의 모범을 통해 그분을 더 잘 따르고 기꺼이 본받을 수 있게 된다.

성찰은 기도하는 사람이 접하는 그리스도의 각 신비의 빛과 변화시키는 은총이 그에게 임하도록 할 것이다.

중요한 것은 기도하는 사람이 자신이 받은 은총에 동의하고, 그것을 동화시키며, 예수님께서 당신 나라를 실현하시는 데 협력하는 구체적인 방법, 즉 내적 태도를 배우는 것이다.

담화로 마무리하기

이냐시오의 관상 수련이 끝나면, 다시 담화를 나눈다. 이때 성령의 인도를 받아, 그리스도 안에서 관상한 그분의 행위와 마음가짐의 모범을 우리 각자의 삶을 향한 하느님의 뜻으로 알고 본받을 수 있는 은총을 청한다.

이냐시오 관상에 대한 의견

어떤 시점에서는 보기만 하고, 다른 시점에서는 듣기만 하고, 또 다른 시점에서는 보고 생각하는 것이 인위적으로 보일 수 있다. 그러나 이야기하는 장면의 특정 지점이나 순간에 사람들을 보고, 그들의 말을 들을 때(예를 들어, 천사가 목동들에게 예수님 탄생 소식을 알리는 장

면), 그들이 하는 일의 의미와 그 일에서의 본보기를 생각하는 것은 자연스러운 일이다. 그런 다음 또 다른 측면이나 순간으로 넘어가서(예를 들어, 목자들이 성모님과 아기 예수님, 요셉 성인을 만나러 온 장면) 거기에 자연스럽게 머물러 보고, 듣고, 관찰하거나 생각해 볼 수 있다.

이런 자연스러운 흐름은 이냐시오 성인이 "우리 주 그리스도 생애의 신비들"이라는 목록에서 각 신비의 요점을 분배할 때 드러난다(《영신 수련》 261-312항).

> "첫 번째 요점은 대천사 가브리엘이 성모님께 인사하면서 그리스도를 잉태하신 사실을 알린다. ······ 두 번째 요점은 천사가 성모님께 한 말을 다짐한다. ······ 세 번째 요점은 성모님께서 천사에게 응답하셨다."(《영신 수련》 262항 참조)

이냐시오 관상은 정화된 영혼이 성령에 의해 삶에서 깨달아야 할 그리스도의 형상으로 변화되도록 하는 매우 유용한 방법이 될 수 있다. 또한 기도하는 사람이 자신의 개인적인 상황에서 하느님의 뜻을 행하기 위해 매일 자기가 협력할 수 있는 것을 찾는 구체적인 방법이기도 하다.[34]

이러한 관상은 겸손과 단순함 그리고 내어놓음의 정신으로 수행되어야 하지만, 이를 구체적으로 실천하다 보면, 때때로 기도하는 사람들은 생활 방식의 변화에 대한 개인적인 저항의 어려움을 겪기도 하고, 지성에 대한 깨달음이 필요하다고 느끼기도 한다.

하지만 그러한 것들도 다 기도 수행의 일부다. 그런 일들로 인해 기도하는 사람은 이기심에 맞선 내적 투쟁에 대한 필요성, 자기 비하를 강화할 필요성, 은총에 대한 더 끈기 있고 지속적인 청원의 필요성, 그리고 영적 지도자나 안내자가 주는 도움의 혜택에 대한 필요성을 느끼게 된다.

― 마음에 새기기 ―

- 우리를 향한 아버지의 뜻은 그리스도의 삶 안에서 드러난다.
- 우리는 복음 장면을 관상하며 거룩한 인물들의 감정과 태도를 살피고, 이를 통해 그리스도를 더 사랑하고 기꺼이 본받게 된다.
- 기도하는 사람은 관상 수련 안에서 예수님께서 당신 나라를 실현하시는 데 협력하는 구체적인 방법, 즉 내적 태도를 배우게 된다.

감각을 적용하는 기도

감각을 활용하는 방법

기도에서 감각을 적용하는 것은 이냐시오 관상이 의도한 결과를 보완하고 완성하는 것과 같다. 이 방법은 기도하는 사람이 지금 자기 감각을 적용하려는 그리스도 생애의 신비에 대해 이미 이전에 이냐시오 관상을 실천했다고 가정한다.

이제 기도하는 사람은 그 특정한 신비에 내적 시각과 청각(이미 앞선 관상에서 수행됨)뿐만 아니라 후각, 미각, 촉각도 적용한다. 그러나 이러한 감각의 적용은 감각마다 각각 다른 방법으로 수행된다는 점에 주목해야 한다. 시각과 청각은 이냐시오 성인이 《영신 수련》 121항에서 말한 것처럼 "상상력의 감각들sentidos de la imaginación"로 설명할 수 있다. 이 감각들은 이냐시오 성인이 그의 《영적 일기》에서 표현한 바에 따르면 "성령을 직접 느끼거나 보는 것"(Diario, n.169)으로서 순수한 상상의 눈으로 보는 것보다 더 영적인 것을 의미할 수도 있다. 또는 "내적 목소리locuela interna"(Diario, nn.221ss)를 듣는 것으로서 상상의 귀로 듣는 것보다 우월한 것을 의미할 수도 있다.

세 번째 요점에서 "후각과 미각으로 냄새를 맡고 맛본다."(《영신수련》124항)라고 말할 때는 상상의 냄새와 맛을 말하는 것이 아니라 영성에서 '영적 감각'이라고 불리는 것을 의미한다. 이는 감각을 자극하는 꽃이나 향수 냄새나 군침을 돌게 하는 물질적인 음식의 냄새를 상상하게 하려는 것이 아니라, 오히려 물질적 감각을 뛰어넘는 무엇인가를 상상하게 하려는 것이다. "그분들 영혼의 신성함과 그분들의 덕행과 모든 것의 무한한 부드러움과 감미로움을"(《영신수련》124항)이라고 명시하는 것처럼, "무한"이라고 말할 때 그것은 물질적인 것을 의미하지 않는다. 상상의 냄새나 물질의 맛은 신성神性에 적용될 수 없고, 오히려 물질보다 훨씬 뛰어난 매력적인 냄새와 기분 좋은 맛의 부드러움과 민감한 상상의 '영적 감각'에 대해 말할 수 있다.[35]

우리는 바오로 사도가 그리스도인이 "그리스도의 향기"(2코린 2,15)라고 말하는 성경 구절이나, 어떤 성인이 '거룩함의 향기' 속에서 죽었다고 말하는 구절, 또는 시편 34편 9절에서 "너희는 맛보고 눈여겨보아라, 주님께서 얼마나 좋으신지!"라고 권고하는 구절을 생각해 보면 이에 관한 더 적절한 생각을 얻을 수 있다.

수련의 전개

이 수련은 앞에서 설명한 관상 방법의 일반적인 길잡이, 즉 준비기도, 신비의 줄거리, 장소 구성 및 청원으로 시작된다.

그리고 나서 전개해야 할 요점은 각 신체 감각에 하나씩, 다섯 가지라고 할 수 있으나, 이냐시오 성인은 세 번째에 냄새와 맛을 하나로 포함하기 때문에, 네 가지를 꼽는다.

첫 번째 요점은 관상의 첫 번째와 비슷하다. 즉, '사람을 보는 것'이다. 여기서 이냐시오 성인이 하는 특별한 설명은 사람이 그러한 시각을 활용하여 '특히 상황에 대해' 묵상하고 숙고해야 한다는 것이다. 우리는 기도하는 사람이 관상이나 '반복'을 통해 이 같은 장면을 여러 번 본 후에, 자신이 묵상하는 것의 의미를 더 깊이 맛보고 관상하거나, 전에 본 적이 없는 어떤 상황을 깨닫고, 차분하게 쉬면서, 주님께서 지금 그에게 계시하시는 것을 통해 새로운 이익을 얻을 수 있다고 생각할 수 있다.

두 번째 요점은 '듣기'에 있는데, 특별한 차이가 관찰되지 않는다. 그러나 우리는 같은 복음 장면이 다시 지나감에 따라 이전에 했던 것과 같은 관찰을 하며 심화할 수 있다.

세 번째 요점은 '냄새와 맛'에 있는데, 이는 소위 '영적 감각'의 유비적 적용임을 앞서 지적했다. 맛과 냄새가 적용되는 대상은 '영혼의 시성화과 그분들의 덕행과 모든 것의 무한한 부드러움과 감미로움'이다. 이러한 이유로 일부 주석가들은 여기서 향주덕(믿음, 희망, 사랑)의 수준을 강조하지만, 그것들은 다른 감각의 다른 지점과 모든 그리스도교 관상에도 적용된다.

네 번째 요점은 '촉각'의 적용인데, 가장 생소하다. 이는 사람을 만지는 것을 의미하는 것이 아니라, "그분들이 밟거나 앉은 자리를 껴안는다든지 입맞추는 식"이다. 여기서 상상력의 사용이라는 점이 더 분명하게 드러난다. 그리고 장소를 두고 경건함, 존경, 애정을 표현하기도 하고 간접적으로 인물을 언급할 수도 있다.

수련의 마무리에는 항상 그렇듯이 담화와 그에 상응하는 소리 기도가 있다.

감각의 적용에 관한 의견

이 방법의 열매는 기도하는 사람의 삶에 복음적 가치가 동화되는 것과 관련이 있다. 미래를 위한 계획의 발전에 영향을 미치는 인간 활동, 즉 상상력의 활동은 은총에 의해 가능하다. 누구도 자기 상상력을 발휘하지 않고는 미래에 자신을 투사할 수 없다. 이 경우에 상상력은 기도하는 사람이 관상 수련을 하는 동안, 성령의 작용으로 그리스도께서 살아가신 모습에서 힘을 얻고, 영적 감각을 적용하여 살아 낸 그의 인생 가치에서 힘을 얻어 풍요롭게 활동한다. 의지는 기도하는 사람의 삶에서 실현할 수 있는 선을 관상하고 맛

보며 강화된다.[36]

　다른 한편으로, 우리는 이러한 영적 감각을 행사하는 것이 인간에게 일반적으로 사용되지 않는 가능성을 보여 주게 되어, 이를 못 받아들이고 이것이 인간에게 제공할 수 있는 놀라운 영적 유익을 스스로 차단해 버리는 일도 있다는 것을 숙지해야 한다. 이러한 가능성을 사용하지 않는 것은 하느님께서 영적 생활에서 행사하도록 인간에게 주신 이 거룩한 선물을 무효화시키는 것이며, 자신의 활동이 지닌 큰 이익을 스스로 박탈하는 것이다.

　하느님께서는 우리가 당신께서 주신 선물과 능력을 사용하여, 그것으로 맺을 수 있는 열매를 얻기를 원하신다.[37]

── 마음에 새기기 ──

- 그리스도 생애의 신비를 깊이 관상할 때 내적 시각, 청각, 후각, 미각, 촉각을 적용할 수 있다.
- 기도하는 사람은 관상이나 '반복'을 통해 자신이 묵상하는 것의 의미를 더 깊이 맛볼 수 있다.
- 관상 수련을 하는 동안 하느님의 선물을 열매로 얻을 수 있다.

반복과 요약이 필요한 이유

이냐시오 성인이 제안하는 반복과 요약

'반복'과 '요약', 이 둘은 다르지만 서로 관련되어 있는 기도 방법이다. 두 번째 '요약'은 '반복'을 보완하는 것으로, 첫 번째 숙고하고 반복되었던 동일한 문제를 다룬다. 그러나 그것들은 각각 독특한 특성이 있다.

《영신 수련》에서 이냐시오 성인이 제안한 '반복' 방법은 그리스도의 삶의 한두 가지 신비에 관하여, 이전에 이미 수행한 한두 가지 관상 또는 묵상에 적용한다고 전제한다. 그러나 이 '반복'은 관상이나 묵상과 정확히 일치하지는 않는다.[38]

'요약' 방법은 이전에 실천한 묵상에 대한 '반복'을 수행했을지라도 실행하도록 제안된다.[39]

반복과 요약을 발전시키는 과정

'반복'은 낱말의 의미대로 단순히 이전에 이미 수행한 묵상이나 관상을 다시 실행하는 것으로 구성되는 것이 아니다. 기도하는 사람은 '준비 기도', '이야기 줄거리', '장소 구성' 그리고 '청원'을 수행한 후, 그 주제에 대한 이전 묵상이나 묵상 요점, 주요 부분에 주의를 기울여야 한다. 그 안에서 특별한 지식, 더 큰 위안이나 비탄, 또는 더 깊은 영적 느낌을 경험한 것에 주의를 기울이고, 그것에 머무는 것이다.

이는 이전에 같은 묵상이나 관상을 수행했던 당사자만이 할 수 있는 일이다. 왜냐하면 자기가 가장 위로를 받았던 부분, 가장 깊은 영적 느낌, 가장 비통함을 느꼈던 측면이나 말이 무엇인지 오직 그 사람만이 알기 때문이다.

이런 식으로 기도하는 사람은 성령께서 그의 삶에 새기고자 하신 가치들을 더욱 깊이 받아들이고, 자기 안에 이루고자 하시는 그리스도의 형상에 관한 하느님의 뜻을 확인할 수 있는 시간을 갖게 된다. 그 시간에 기도하는 사람은 꾸준히 자신의 탐구와 겸손한 청원을 통해, 악이 그의 접근을 방해하거나 막고자 어떤 요점이나 측면에서 일으킨 어둠과 혼란을 깨뜨릴 수 있다.

일반적으로 악령은 성령께서 기도하는 사람의 삶에 형성하기를 원하시는 그리스도이 형상에 반대할 것이다. 그러므로 이는 수련하는 사람에 대한 하느님의 뜻을 식별하는 데 있어서 매우 중요한 요소가 된다.

수련은 항상 그렇듯이, 한 번 혹은 세 번의 담화(복되신 동정 마리아, 예수 그리스도, 천주 성부)와 기도문 혹은 이에 상응하는 소리 기도로 마무리한다.

반면에 '요약'이라는 방법은 다양하게 전개된다. 이는 기도하는 사람이 이전에 수행했던 다양한 묵상과 반복 수련을 조용하고 편안하게 가라앉히는 식으로 제안된다.

이냐시오 성인은 이를 (아마도 신앙의 관점에서) 이해력의 작용으로 제시한다. 기도하는 사람은 이미 수행한 수련에서 묵상한 것에 집중하고 잡다한 분심에 빠지지 않으며, 오히려 간추린 묵상 주제에 주의를 기울이면서 과거 수련의 여정에서 자신 안에 새겨진 '기억'을 성찰한다(《영신 수련》 64항 참조).

과거 수련에서 받은 느낌, 생각, 깨달음의 은총, 동작은 기억의 표면에 떠다니다 균열처럼 열리고, 이를 통해 얻은 은총의 열매가 더 깊게 뿌리를 내리고 그 사람의 구체적인 현실에 정착하여 미래 활동을 위한 역동적인 가치가 되는 것이 분명하다. 이 모든 일은 기도 행위의 전형적인 청원과 내어놓음의 분위기 속에서 이루어진다.

이 수련은 복되신 동정 마리아, 예수 그리스도, 그리고 천주 성부와 함께하는 세 가지 관례적인 담화로 마무리된다.

반복과 요약에 관한 의견

요약 방법은 반복 방법을 보완하는 것이며, 둘 다 이냐시오 성인의 다른 수련들과 동일한 전술적 방향, 즉 묵상이나 관상, 반복과 감각의 적용으로 나아간다고 생각한다. 이 두 방법은 성령의 은총에 주체의 모든 성향을 제공하여, 그가 자기 삶에 대한 하느님의 뜻을 발견하고 점점 더 완전히 마음을 열게 하려는 시도다. 피상성이든, 성찰 부족이든, 불안정함이든, 무질서한 습관이든 그러한 방탕한 애착을 극복한 후에 하느님의 뜻을 따르게 하려는 것이다.

다른 한편으로 이 두 방법은 영혼에 자리 잡은 악한 가치에 반대해 신앙의 빛에서 발견한 새로운 가치를 이식할 시간을 남겨 둔다.

이냐시오 성인이 《영신 수련》 21항에서 소제목으로 다룬 바 있듯이 이 두 방법도 "자기 자신을 이기고 어떤 무질서한 애착에도 이끌림 없이 생활에 질서를 세우기 위한 영적인 수련들"이다.

> 마음에 새기기

- '요약'은 이전 묵상에 대한 '반복'을 했을지라도 실행할 수 있다.
- '반복'은 단순히 이전에 이미 수행한 묵상이나 관상을 다시 실행하는 것으로 구성되는 것이 아니며 묵상 안에서 더 큰 영적 느낌에 주의를 기울이고, 그것에 머무는 것이다.
- 기도하는 사람은 요약과 반복을 통해 자기 삶에 대한 하느님의 뜻을 발견하고 점점 더 완전히 마음을 열게 된다.

다양한 기도 방법 찾기

다양한 상황에 필요한 기도 방법

지금까지 기도의 정상적인 진보 과정에서, 기도의 일반적인 뼈대를 구성하는 방법들을 제시했다. 묵상에서 우리는 보통 관상으로 넘어간다. 사변적인 기도에서 더 정서적이거나 직관적인 기도로, 복잡한 행위에서 더 단순화된 행위로, 능동적인 활동에서 더 수동적인 행위로 넘어간다. 모든 것은 항상 개인적인 적용에 있어서 유연성을 가져가야 하지만, 그렇다고 해서 변덕스러움이나 의욕 부진, 자기희생의 부족에 유효한 명분을 주자는 취지는 아니다.

감지할 수 있는 은총의 작용이 도달하거나 주님께서 우리 영혼을 두기를 원하시는 특별한 상태에 필요한 모든 공간에 머무르도록 항상, 그리고 매 순간 우리 자신을 열어 두어야 한다. 여기에서는

다양한 상황에 매우 유용한 다른 기도 방법을 제시하겠다.[40]

계명에 관한 기도

계명을 묵상하는 방법

영혼이 나중에 다른 방법을 사용할 준비를 하는 데 도움이 되는 기도 방법이다. 왜냐하면 이는 영혼이 자기 삶에서 하느님께 걸맞은 자리를 내어 드리는데 도움이 되어, 기도하는 사람이 하느님께 더 잘 받아들여지도록 만들기 때문이다. 하느님께 그분의 합당한 자리를 드리고 그분의 자리를 받아들이는 것은 자기 존재에 질서를 세우기 시작하는 것이다.

영원한 생명을 얻는 방법을 알기 위해 그리스도께 다가온 청년에게 예수님께서 대답하신 첫 번째 말씀은 "계명들을 지켜라."(마태 19,17)였다. 계명에 따라 기도하는 이러한 방법은 아직 묵상에 익숙하지 않지만, 그리스도교 교리의 기초를 아는 기도의 초심자들에게 적합하다.

그러나 이 방법은 그리스도인의 완전함을 목표로 하는 사람들에게도 그들이 하느님의 뜻과 더욱 깊이 일치하는 데 매우 유용할 것이다. 이는 그리스도를 따르는 성숙에 이르기 위해 모든 사람이 따라야 할 지속적인 여정이다. 특히 영신 수련에서 고백을 준비해야 하는 사람들에게 매우 적합하다.[41]

계명의 뜻을 이해하는 과정

이러한 기도 방법을 실천하기 위해 이냐시오 성인이 전하는 첫 번째 조언은 기도를 시작하기 전에 기도하는 사람은 자신의 정신을 쉬게 하라는 것이다. 앉거나 걸으며 마음을 진정시키고, 기도로 이끌어 주시는 하느님 아버지와 대화할 것을 생각해야 한다.

기도는 '준비 기도'로 시작된다. 이 기도에서 우리가 주 하느님께 구하는 은총은 각 계명에서 무엇을 지키지 못했는지 인식하는 것이다. 그리고 앞으로 이를 바로잡을 은총과 도움을 구해야 한다.

그러나 이냐시오 성인은 모든 그리스도인이, 심지어 이미 깨달음의 길과 일치의 길에 있을지라도 관심을 가질만한 것을 덧붙여 언급한다. 즉 기도하는 사람은 계명을 더 잘 지키고자 하는 소망을 가지고 계명 각각에 대해 완벽하게 이해하여, 하느님의 엄위에 더 큰 영광과 찬미를 드리도록 해야 한다는 것이다.

각 계명에 담긴 하느님의 뜻을 완전히 알면 우리는 아버지의 뜻을 가장 잘 표현하시는 예수님을 언급하게 된다. 그분은 우리에게 이렇게 말씀하셨다.

"내가 내 아버지의 계명을 지켜 그분의 사랑 안에 머무르는 것처럼, 너희도 내 계명을 지키면 내 사랑 안에 머무를 것이다."(요한 15,10)

이것이 바로 내가 앞서 이러한 기도 방법이 그리스도인 생활의 어느 단계에서나 유용하다고 말한 이유다.

기도하는 사람은 그 사람의 영적 상황과 당장 추구하는 목적에 따라 각 계명을 성찰하는 데 더 많은 시간을 할애하거나 덜 할애할 것이다. 기도하는 사람이 평소 죄를 지을 습관이 없는 계명에 직면하면 많은 시간을 할애할 필요가 없다. 특히 이미 고해성사를 할 준비가 된 상태면 더욱 그러하다. 만약 어느 계명에서 자신의 어떤 결점을 발견하면, 회개하여 용서를 구하고 앞으로 잘못을 바로잡을 수 있도록 도움을 청하며, '주님의 기도'를 바쳐야 한다.

하지만 그 계명에 어느 정도 어려움을 겪는 경향이 있다면, 더 많은 시간을 성찰에 할애해야 할 것이다. 이는 그 계명 안에 담긴 하느님의 뜻을 충분히 알지도, 이해하지도 못해 그 뜻을 자주 지키지 않는다는 표시이기 때문이다. 우리는 이를 주권자이신 하느님께 영광과 찬미를 드리기 위한 가장 큰 선이라고 생각하고 온 마음을 다해 이를 고수해야 한다.

또한 일반적으로 자신을 이끄는 하느님의 뜻에 반하는 성향을 인식함으로써, 그에 맞서 싸우고 이를 극복할 수 있을 것이다. 그렇게 하여 하느님의 은총과 협력하여 자신의 영혼을 하느님의 명백한 뜻과 점점 더 완벽하게 일치하도록 준비할 것이다.

기도하는 사람이 단순히 고해성사를 준비하는 것이 아니라, 개인의 영적 발전을 위해 여기에 제안된 방법을 적용하려면, 일반적으로 실수하지 않는 계명에서라도 멈추어 성찰해야 한다. 이는 하느님께서 각 계명에서 자녀들에게 제안하시는 태도를 이해하고 사랑하며, 날마다 더욱 완벽하게 하느님의 뜻을 성취하는 데 도움이 될 것이다.

각 계명에는 그것이 부정적인 방식(살인하지 않음, 불순한 행위를 저지르지 않음 등)으로 표현되었더라도, 자녀의 품위 있는 행동(다른 사람을 존중함, 순결함)에 대한 하느님의 긍정적인 뜻이 포함되어 있다. 이러한 하느님의 긍정적인 뜻은 성취될 수 있으며, 우리는 더 완벽하게 그 뜻을 지킬 수 있다. 즉, 더욱더 존경하고, 더욱 정결하고 마음의 순결함을 유지하는 것이다.

계명을 이런 식으로 생각하면, 기도하는 사람은 하느님의 계명을 하느님께서 자신의 자유에 가하는 억압으로 보지 않고, 하느님께서 자유를 올바르게 발전시킬 수 있도록 제공하시는 단서로 보며, 정욕의 노예 상태에서 벗어나 하느님의 참된 자녀처럼 행동하는 데 도움을 얻을 것이다.

기도하는 사람은 각 계명에서 자신이 죄를 지었거나 실패한 것을 인식하여 이를 고치고 더 잘 성취할 수 있는 은총을 구한 후, 자신이 처한 상황에 따라 우리 주 하느님과의 담화로 묵상을 마무리해야 한다.

만약 한 시간 동안 묵상에 전념했는데 십계명 중 하나 또는 일부만 살펴보았다면, 그 상태로 끝내고 다음 정신 기도를 바칠 때 나머지 계명부터 성찰을 시작한다.[42]

묵상 주제에 따라 응용하는 방법

앞에서 설명한 기도 방법이 다른 주제에도 적용될 수 있다. 여기서는 묵상을 위해 선택한 주제에 따라 그것을 적용하는 방법에 대한 몇 가지 지침을 제시한다.

대죄에 대하여

죄를 묵상하는 방법

이 주제를 다루면서 의도하는 목적은 계명에 대한 수련에서 제시한 것과 동일하다. 즉 고해성사를 준비하고, 영혼의 정화와 하느님의 뜻에 대한 더욱 완전한 고수固守를 완성하는 것이다.

이는 교리서에서 '칠죄종'이라는 목록에 포함된 것들을 반대하여 미덕을 추구하게 된다. 교만함에 반대하는 겸손, 탐욕에 반대하는 관대함, 정욕에 반대하는 순결, 분노에 반대하는 온유함, 폭식에 반대하는 절제, 시기심에 반대하는 자선, 게으름에 반대하는 근면을 들 수 있다.

기도하는 사람은 지금까지 준수해야 할 계명을 묵상하기 위해 전념했다. 이제는 자신이 피해야 할 죄에 대해 묵상을 적용한다. 이 경우, 자발적으로 받아들인 무질서인 칠죄종을 살핀다. 이 죄는 다양한 방식으로 나타날 수 있어서, 같은 뿌리에서 나온 다른 많은 죄의 머리와 같다.

이냐시오 성인은 계명을 성찰하면서 이를 더욱 온전히 준수하기 위해 각 계명에 담긴 하느님의 뜻을 완전히 이해할 수 있는 은총을 청하라고 조언했다. 또한 성인은 만약 우리가 칠죄종 각각에 반대되는 미덕이 나타내는 복음적 가치에 주의를 기울이면 각 죄종의 문제에서 자신이 무엇을 실패했는지 더 잘 알게 될 것이라고 알려준다. 기도하는 사람의 노력은 각 죄종에 반대되는 미덕을 달성하는 데 집중되어야 한다.

예를 들어, 그리스도께서 가장 큰 완전성을 실천하신(또는 성모님과 성인들이 실천하신) 겸손의 덕으로 표현된 하느님의 뜻에 대한 존경, 열망, 준수는 기도하는 사람으로 하여금, 자기 잘못이 무엇인지 더 분명하게 보게 할 것이다. 그러면 자신의 영혼에서 교만의 죄, 그 악한 경향을 더욱 완전히 뿌리 뽑을 것이다.

정욕, 순결(마리아나 요셉 성인의 순결)에 반대하는 다른 죄나 악덕에 대해서도 마찬가지다. 그러므로 분노에 맞서 인내(예수님의 인내, 또는 기도하는 사람에게 알려져 있거나 가까운 어떤 본보기의 인내)를, 폭식에 대항하여 절제를, 시기심에 대항하여 자선을, 게으름에 대항하여 근면함을 실현하도록 해야 한다.

예수 그리스도의 관대함과 그분께서 당신을 온전히 바치신 것을 관상하고 찬미한다면, 어떻게 우리의 이기적인 인색함과 탐욕을 멸시하지 않을 수 있겠는가?

그분의 순결함과 그분의 마음과 거룩한 말씀의 무한한 순수함 앞에서, 어떻게 우리가 세상에 범람하는 온갖 불순함과 방탕한 정욕과 우리의 삐뚤어진 애정을 미워하지 않을 수 있겠는가?

우리가 정중함과 온유함과 겸허함의 대우를 받는다면, 이웃들에 대한 모든 폭력적이고 불의한 태도를 증오하지 않겠는가?

또한 여기서 악습에 대해 언급하고 싶다. 왜냐하면 소위 뿌리 깊게 내린 칠죄종은 영혼을 소죄 또는 대죄로, 즉 특정 계열에서 다소 가볍거나 심각한 무질서나 악습으로 이끌 수 있기 때문이다. 이러한 경향에 저항하지 않거나, 수련을 통해서 이를 극복하지 못할 때, 그 경향은 교만 계열에서는 교만의 죄로, 탐욕 계열에서는 탐욕의 죄로 이어진다.

만일 문제 자체가 심각하다면 죄는 중한 것이 될 것이다. 하지만 만일 누군가가 가벼운 일로 죄를 지었거나, 그것이 죄인 줄 모르고 범했거나, 불완전하게 동의하여 죄를 지었다면, 그 죄는 가벼운 것이 될 것이다.

죄를 성찰하는 과정

묵상을 따라가는 방법은 계명 주제에서 제시한 것과 동일하다. 정신의 휴식, 준비 기도, 각 죄나 칠죄종 경향에 대한 성찰이다. 앞에서 언급한 대로, 잘못을 인식하고 영혼에서 근절하는 가장 좋은 방법에 대해 주의를 기울이고, 각각에 반대되는 미덕을 얻기 위해 청원과 노력을 기울여야 한다. 기도는 항상 적절한 담화와 그에 맞는 소리 기도로 끝낸다.

이 첫 번째 기도 방식을 칠죄종에 적용하는 것은 영혼의 정화 작업에 훌륭하게 보완되며, 복음적 미덕과 성령의 열매를 향해 나아가는 데 도움이 된다.

영혼의 능력이나 신체 감각의 적용

영혼의 능력(기억력, 이해력, 의지)이나 신체 감각(시각, 청각, 후각, 미각, 촉각)에 대한 생각을 이 기도에도 적용할 수 있다. 이 경우, 영혼의 각 능력이나 신체 감각으로 저지른 잘못이나 죄를 인식하고 회개하며 용서를 구하는 데만 주의를 기울이는 것이 아니다.

이냐시오 성인은 예수 그리스도 또는 지극히 거룩하신 동정 마리아께서 이러한 각각의 능력과 감각을 어떻게 사용하셨는지에 대해 주의를 집중하여, 이러한 각각의 능력과 감각에서 그분들을 본받고자 하는 열망을 갖고 그 은총을 구하며, 청원하는 소리 기도를 바치면서 마무리하라고 일러 준다.

이렇게 성찰과 청원 기도를 마친 후에 각각의 능력이나 감각을 사용함으로써 예수님과 성모님을 실제로 본받을 것을 제안한다.[43]

> 마음에 새기기

- 하느님께 그분의 합당한 자리를 드리고 그분의 자리를 받아들이는 것은 자기 존재에 질서를 세우기 시작하는 것이다.
- 기도하는 사람은 계명을 잘 지키려는 소망을 가지고 각 계명을 더 완벽하게 이해하여, 하느님께 더 큰 영광과 찬미를 드려야 한다.
- 기도하는 사람은 각 죄종에 반대되는 미덕을 달성하기 위해 노력해야 한다.

단어를 깊이 곱씹으며 하는 기도

그리스도인에게 익숙한 기도

이냐시오 성인은 영적으로 발전하는 쉽고 유익한 또 다른 기도 방법을 제안한다. 이는 그리스도인이라면 누구나 자신의 종교 문화와 영적 상황의 수준과 깊이에 따라 실천할 수 있다. 이 기도가 적용되는 소재는 일반적으로 잘 알려진 '주님의 기도', '성모송', '그리스도의 영혼Anima christi', '살베 레지나Salve Regina' 등이다.

이미 끊임없는 사용과 교회의 승인으로 봉헌된 이 기도들은 많은 이가 암송할 수 있을 정도로 알려져 있어, 묵상할 때 각 단어를 기억하는 데 큰 어려움이 없다. 특히 이 기도 중 하나는 그리스도께서 친히 알려 주신 '주님의 기도'이고, 다른 것들은 복음에 담겨 있거나 성인들의 그리스도교적 감정으로 가득 차 있어서, 그리스도인의 영혼에 고유한 감정과 태도에 익숙함을 느낄 것이다. 여기에서 제안하는 방법으로 묵상하고 성찰하면 훨씬 더 깊이 있게, 그리고 각자 고유한 감각으로 기도할 수 있다.

기도 속 단어에 머물고 이를 성찰하는 법

권장되는 추가 사항은 '계명' 등의 주제에서 처음 설명한 방법과 동일하다. 이 경우에는 예수님, 동정 마리아 등 선택한 소리 기도의 대상이 누구인지에 따라 '준비 기도'가 이루어진다. 이냐시오 성인은 이 수련을 위해 의도적으로 무릎을 꿇거나 앉으라고 조언한다(이 자세는 기도하는 사람의 성향과 헌신의 크기에 따라 다를 것이다). 또한 우왕좌왕하거나, 시선을 두리번거리지 말고, 눈을 감거나 한 곳에 고정하라고 조언한다.[44] 그리고 현재 수련을 위해 선택한 기도의 첫 번째 단어를 성찰한다. 예를 들어 주님의 기도인 경우, '아버지'라는 단어를 생각하는 것이다.

그리고 기도하는 사람은 이 기도가 원래 선포된 맥락이나 기도하는 자신의 현재 맥락에서, 주님께서 영혼의 이익을 위해 그에게 전달하고자 하시는 직감력과 은총으로 이 단어에서 의미, 비교, 깨달음 또는 내적 움직임을 발견하는 한, 그 단어에 대한 성찰, 묵상 또는 내적 맛에 머물 것이다.

예수님께서는 하느님을 어떻게 아버지라고 부르셨는가? 우리는 그것을 복음서에서 찾아볼 수 있다. 그분의 대사제로서의 기도(요한 17장 참조)나 겟세마니 동산에서의 기도 등을 떠올려 보자.

그런 다음 기도하는 사람은 계속해서 다음 단어 '우리'(즉 '우리 아버지')를 성찰할 것이다. 여기에는 예수님께서 기도에서 '우리'라는 단어로 소개하신 형제들에 대한 확장된 지평이 주는 모든 제안과 생각이 포함된다. 우리는 모두 아버지의 입양된 자녀이며, 세례받은 우리 모두 형제로서 이 기도에서 무엇을 말할지 구하기 위해 모두를 위해 함께 기도한다.

예수님께서는 이 기도에서 '나의 아버지'라고 말하도록 가르치지 않고 '우리 아버지'라고 말하도록 가르치셨다. 그리고 기도하는 사람은 거기서 다시 멈출 것이다. 그 안에서 즐거움과 위안, 빛이나 영적인 움직임을 발견하는 한, 계속해서 나아가기를 원하지 않을 것이다. 심지어 기도 시간이 선택된 기도문의 몇 마디를 성찰하는 것으로 끝나더라도 말이다. 나머지는 소리 내어 말하며 평소와 같은 방식으로 마무리한다.

이냐시오 성인은 제시된 기도 전체를 성찰한 후, 기도하는 사람이 기도를 바친 인물에게 자신이 가장 필요하다고 생각하는 덕목이나 은총을 종합적인 방식으로 청하라고 조언한다.

단어를 곱씹는 방식의 유익함

이 수련은 이미 알려진 전통적인 소리 기도를 생각하며 눈을 감고 집중하는 방법을 아는 상태에서, 자신이 처한 어떤 상황에서도 적용할 수 있어 매우 유익하다.

평소 나는 기도하는 사람에게 일상의 기도 생활에서 영적 지도자에게서 받은 지침에 따라 자신에게 맞는 기도 단계와 방법을 따르라고 조언하는 편이다. 그러나 이 방법을 하루에 여러 번 바치는 기도에 적용해서 수련해 보면, 그 다음에 기도할 때마다 얼마나 더 헌신적이고 자각적으로 기도하게 되는지 경험할 수 있을 것이다.

─────── ◇ 마음에 새기기 ◇ ───────

- 이냐시오 성인이 제안하는 이 기도는 그리스도인이라면 누구나 자신의 영적 수준과 깊이에 따라 실천할 수 있다.
- 기도하는 사람은 기도문이 원래 선포된 맥락 혹은 자신의 현재 상황에서 그 단어의 깃든 의미를 발견하게 된다.
- 기도문을 몇 마디 성찰하지 못하더라도 선택한 단어를 깊이 생각하는 과정에서 즐거움을 체험할 수 있다.

호흡의 리듬을 따라가는 기도

한 호흡 단위의 리듬 기도

이냐시오 성인은 이 기도 방법을 '한 호흡 단위의 리듬 기도'라고 표현했다. 이는 《영신 수련》에 나오는 다른 방법과 비교하면 다소 생소하다. 서유럽보다는 동방 그리스도교의 전형적인 기도 방법으로 보이기 때문이다.

여기에서 리듬은 기도하면서 잠깐 숨을 쉬는데에 소비되는 시간, 즉 이냐시오 성인이 '짧은 숨anhélito'이라고 부르는 것으로 한 호흡과 다른 호흡 사이에 기도문의 한 단어를 전달하는 식이다.

이때 말하는 단어는 기도의 두 번째 방법으로 제시된 '성모송', '그리스도의 영혼', '신경' 또는 '성모 찬송Magnificat' 중 하나의 기도문이다. 그러나 말로 기도를 반복하는 것이 아니라, 한 호흡과 다음 호흡 사이에 단어 하나를 말하고, 숨마다 그 단어에 대한 정신 기도의 행위를 동반하는 것이다. 이냐시오 성인은 분명히 말한다.

"숨을 쉴 때마다 마음속으로 기도하는 것이다."《영신 수련》 258항 참조)

여기서는 한마디 말을 하는 것이 아니라, 한 호흡과 다른 호흡 사이에 말하는 단어에 대해 정신적으로 기도하는 데 특별히 주의를 기울인다. 정신 기도가 유지되는 한, 한 호흡과 다음 호흡 사이에 같은 단어를 반복할 수도 있다.

성령께서는 이 호흡에 동반하여 말씀의 의미에 대해, 또는 기도 말씀을 듣는 거룩한 한 인물에 대해, 또는 그 거룩한 인물 앞에서의 겸손에 대해 집중하게 한다. 즉 기도하는 사람은 자신이 발산하거나, 성령으로부터 받은 자기 생각이나 다양한 애정을 행사하고, 들숨과 날숨으로 이어지는 호흡의 리듬에 맞춰 말한 내용에 포함된 주제에 대해 정신적으로 기도한다.

그리고 단어를 바꾸면, 정신 기도의 내용을 바꿀 것이다. 왜냐하면 이전에 말한 단어에서 발견한 생각, 즐거움, 위안을 더 이상 찾을 수 없기 때문이다.

이는 일반적으로 기도하는 것과는 다른 기도 방식이다. 보통 사람은 호흡에 주의를 기울이지 않고 기도한다. 그러나 여기서는 호흡하는 동안 각 단어가 그에 해당하는 정신적 행동과 정확히 일치

한다. 따라서 호흡의 리듬, 박자를 유지하려면 호흡을 고려하지 않을 수 없다. 이런 방식으로 리듬이 유지되면 산만해질 수 없다. 리듬을 평화롭게 유지하는 것이 중요하며, 리듬을 잃어버리면 평화롭게 돌아와 리듬을 되찾는 것이 중요하다.

이 기도는 익숙하지 않은 사람이 수련하기 쉽지 않을 것이다. 초보자를 위한 기도처럼 보이지도 않는다. 그렇지만 이 호흡 방법을 각자 자신의 영적, 문화적 수준에서 사용할 수 있다고 생각한다. 기도하는 사람은 각 단어에서 정신 기도에 대한 더 많은 내용을 찾을 수도 있고, 특정 단어에서는 더 많이, 다른 단어에서는 덜 찾을 수도 있을 것이다.

그러나 하느님께서 사람에게 허락하고자 하는 은총은 배제되지 않는다. 호흡은 모든 생명체의 특성이며, 기도 방법은 목적이 아니라 목적 달성에 종속된 수단이기 때문이다. 여기서 목적은 사람이 부름받은 소명에서 하느님의 뜻을 가장 완벽하게 실현하기 위해 하느님과 하나가 되는 것이다.

호흡에 맞춰 기도하는 과정

이 방법에는 이전 기도 방법과 동일한 부칙이 포함된다. 준비 기도는 수련의 기도 대상에 따라 《영신 수련》의 두 번째 기도 방식과 같다.

그런 다음 정신 기도는 호흡의 리듬에 따라 각 호흡에 포함된 단어로 진행될 것이다.

두 번째 기도 방법에 대해서도 앞서 언급한 마지막 종합 청원으로 마무리할 수 있다.[45]

하느님 현존을 인식하는 데 도움을 주는 기도

이 방법은 인생의 어느 때나 사용할 수 있는데, 특히 여행이나 기도하기 어려운 상황에서 권장된다. 리듬을 유지하려면 각 호흡에 포함된 단어에 주의를 기울여야 하므로 정신 기도의 주제에서 주의가 산만해지는 것이 거의 불가능하기 때문이다. 호흡 하나하나에 주의를 기울이지 않으면 리듬을 잃고 박자가 사라진다.

나는 이 방법이 깨달음과 함께 하느님 현존의 내용을 호흡으로 특징지어지는 정상적인 삶의 리듬으로 가져와 동화시키는 데 도움이 된다고 생각한다.

어떤 사람들은 이 운동과 동방 그리스도교의 방법, 예를 들어 순례자가 "살아 계신 하느님의 아들 주 예수 그리스도님, 죄인인 저에게 자비를 베푸소서!"라고 반복해서 기도하는 방법 사이에 유사점을 발견하기도 한다.

그러나 이 기도는 자세히 살펴보면 호흡과 리듬에 맞춰 기도하는 것과는 다르다는 것을 알 수 있다.

이냐시오 성인이 어떻게 이러한 기도를 시작했는지 살펴보는 것도 흥미로울 것이다.[46] 성인은 아마도 몸바에르Mombaer*가 《영신 수련과 거룩한 묵상의 장미 정원Rosetum exercitiorum spiritualium》에서 전수한 진화된 새로운 신심 운동Devotio moderna** 방법의 영향을 받았을 것이다.

> 마음에 새기기

- 우리는 이 기도를 통해 하느님과 하나가 될 수 있다.
- 리듬을 유지하려면 각 호흡에 포함된 단어에 주의를 기울여야 한다.
- 리듬을 유지하는 것이 중요하며, 리듬을 잃어버리면 평화롭게 돌아와 리듬을 되찾아야 한다.

---

* 얀 몸바에르Jan Mombaer(1460~1501)는 벨기에 출신 아우구스티노회 수사로서, 이냐시오 성인이 자신의 영신 수련에 대한 영향으로 언급한 《영신 수련과 거룩한 묵상의 장미 정원》으로 가장 잘 알려져 있다. ─ 역자 주

** 14세기 후반에 유럽에 발생한 영성 운동이다. 추종자들의 영적 생활은 내적 헌신에 집중하고 특히 각각의 새로운 활동 전에 자주 짧은 시간의 명상을 하는 것이 특징이다. 그중 15세기 토마스 아 켐피스의 《준주성범》은 오늘날까지 잘 알려졌다. 새로운 신심 운동에서 가르치는 '체계적인 기도'의 방법과 (예수님의 삶에 참여하기 위해) 성경 장면의 이미지에 '자기 투사'에 사용된 기술은 16세기와 그 이후 그리스도교 묵상에 대한 접근 방식에 큰 영향을 미쳤다. 이러한 방법은 예수회원들이 계속 실천하고 있는 영신 수련과 같은 묵상에서 지속된다. ─ 역자 주

사랑에 이르기 위한 관상

사랑이라는 가장 큰 목적

영신 수련에서 사랑은 수련자의 영적 진보 전체 과정의 정점으로 나타나며, 가장 큰 목적으로 여겨진다. 이는 수련자가 원하는 하느님과의 일치를 향한 여정의 도착지에 이르고 이를 수련 후의 삶에서 실천하는 것이다.

그러나 이미 수련의 '규칙'에는 기도 방법으로도 나와 있는데, 이는 첫 주 수련만 받는 사람들에게도 제공되어야 하고, 그들도 영적인 유익을 위해 사용할 수 있다. 이냐시오 성인은 예수회 학생들에게 생활하는 동안 모든 것에서 하느님을 찾고, 실제로 발견하는 훈련을 하라고 조언한다.

"누군가와 대화하고, 걷고, 보고, 맛보고, 듣고, 이해하고, 우리가 하는 모든 일에서와 같이, 하느님의 엄위는 모든 것에서 현존하고 강력하며 본질적이라는 것은 사실이다."(Epp 3,508)

그는 '사랑에 이르기 위한 관상'에서 사용한 것과 동일한 공식을 암시하며, 계속해서 다음과 같이 말했다.

"이런 묵상 방법, 모든 것에서 우리 주 하느님을 찾는 것은 우리 자신을 가장 추상적인 거룩한 것들로 끌어올리지 않고, 애써서 우리 자신을 그것들에 제시하는 것보다 더 쉽다. 그리고 이 수련은 비록 짧은 기도일지라도 주님의 위대한 방문을 위해 우리를 준비시킬 것이다."

여기서 영신 수련의 '넷째 주'가 끝날 때 이러한 기도 방식이 어떻게 제시되는지 이야기하려 한다. 그리고 그것이 수련의 정점에서 어떤 의미를 갖는지 설명하겠다. 방법은 변하지 않지만, 그것을 사용하는 사람은 자신이 있는 영적 수준에서 그렇게 할 수 있다.[47]

수련의 여정을 통해 그리스도를 사랑하고 그분의 수난과 십자가의 신비를 동일시할 때까지 그분을 따르려고 노력한 기도하는 사람은 오직 그리스도께서 자기 안에 사시고 그리스도의 생명이 자기 안에 있기를 원할 것이다. 즉, 모든 것을 사랑하고 모든 것에서 아버지의 뜻을 섬기는 것이다. 이 관상에서 요청하는 것은 그 은총을 얻는 것을 목표로 한다.

"내가 받은 것들을 온전히 깨달아 모든 것 안에서 하느님을 사랑하고 섬기고자 하는 것이다."《영신 수련》 233항)

그러한 방향으로 기도하기 위해 이 관상에 앞서 두 가지 주의 사항이 있다(같은 책, 230-231항 참조).
1. 사랑은 말보다 행동으로 나타나야 한다(요한 14,21; 1요한 3,18 참조)
2. 사랑은 두 당사자의 통교(진정한 증여), 즉 사랑하는 사람이 자기가 사랑하는 이에게 자기가 가진 것이나 할 수 있는 것(지식, 명예, 부 등)을 주고 나누는 것이다.

사랑을 묵상하는 네 가지 관점

이 수련 방법은 《영신 수련》에서 그리스도의 신비를 묵상하는 것과 동일한 '준비 기도'를 제안한다. 첫 번째 길잡이에서 '장소 구성'은 세 부류의 사람들이 묵상할 때 제안한 것과 유사하게 나타난다(《영신 수련》 151항, 232항 참조). "우리 주 하느님 앞에서, 천사들 앞에서, 나를 위해 전구하고 있는 성인들 앞에서 내가 어떤지 보라."

'청원'으로는 이미 두 번째 길잡이로 제시된 것과 같다. "내가 이미 받은 많은 선에 대한 내적 인식을 구하여, 그것을 완전히 깨닫고 모든 일에서 하느님의 엄위를 사랑하고 섬기도록 하라."

그리고 관상을 위해 네 가지 요점이 제시된다. 그것들은 각각 서로 도움이 되는 관계를 나타낸다. 즉 하느님께 올리는 우리의 존재와 소유, 그것은 이미 우리보다 앞서 하느님께서 우리에게 베푸신 사랑에 의한 것이다.

첫째, 기도하는 사람은 신앙의 기억, 즉 하느님께 받은 그토록 좋은 것에 대해 관상적 시선을 수련한다. 이는 피조물인 인간이 하느님께서 지니신 선물과 그분이 어떠한 존재이신지까지도 은사로 바라보는 것이다. 그럼으로써 그는 창조라는 선물, 구원이라는 선물, 그리고 각 사람의 소명에 따라 주어진 특별한 은총을 감지하게 된다. 기도하는 사람은 자신이 받은 선물을 천천히 되새기며, 하느님께 사랑으로 얼마나 많이, 자신이 가진 것과 자신의 모든 은사를 바쳐야 하는지 생각할 수 있을 것이다.

여기서 이냐시오 성인은 오늘날 세상에 널리 알려져 있고 실제로 자신이 바친 기도이기도 한 봉헌 기도를 제시한다.

"받아주소서, 주님. 저의 모든 자유와 저의 기억과 지성, 저의 모든 의지와 제가 가진 모든 것을 받아주소서. 당신이 이것들을 제게 주셨습니다. 주님, 이 모두를 돌려드립니다. 모두가 당신 것이오니 당신 뜻대로 처리하소서. 제게는 당신의 사랑과 은총을 주소서. 이것으로 저는 족하옵니다."《영신 수련》 234항)

둘째, 관상적인 시선으로 기도하는 사람은 하느님께 받은 선물로서 모든 피조물, 즉 무생물, 식물, 동물, 인간, 그리고 기도하는 자기 자신 안에 있는 그분의 현존을 발견한다. 모든 존재 안에 있는 존재, 다른 존재 안에 있는 생명력, 동물 안에 있는 감각과 자기 운동, 인간 안에 있는 이해력과 인간관계 형성 능력은 하느님께 받는 것이다. 하느님께서는 사랑으로 그것을 주시어 우리가 이 모든 현실 속에서 그분이 우리를 사랑하심을 알아보게 하신다. 그리고 더욱이, 나를 당신의 형상과 모습으로 창조하시고[48] 당신께서 머무실 성전으로 만드셨으며, 당신을 사랑하는 모든 사람이 자기 자신을 당신의 특별한 거처라고 확언하므로, 주님께서는 모든 피조물 안에서 그리고 나 자신 안에서, 찬미와 사랑 가득한 경외의 태도로 그분께 감사하고 사랑하기를 요구하신다(1코린 3,16-17 참조). 여기서 우리는 십자가의 요한 성인과 함께 기도할 수 있다.

"당신의 현존을 드러내시고, 당신의 눈길과 아름다움이 나를 죽이네요. 사랑의 아픔을 보아요. 치유되지 않아요. (그 치유는) 오로지 당신의 현존과 모습으로만."《영가》 노래 11)[49]

셋째, 기도하는 사람의 영혼 속에, 하느님께서 세상에서 끊임없이 활동하시면서 나타내신 사랑에 부합하는 사랑을 일깨우고자 한다. 당신께서 택하신 사람들의 선익을 위해 활동하시고 모든 일을 당신의 섭리로 인도하시는 것은 바로 그분의 능력이기 때문이다(로마 8,28-31 참조). 그분께서는 우리에게 유익하도록 일어나는 모든 일에서 "일하시는"[50] 분이시며, 모든 일에서 행동하고 움직이신다.

아버지의 뜻이 아니면 참새 한 마리도 땅에 떨어지지 아니하며, 머리카락 하나도 땅에 떨어지지 않는다(마태 10,29; 루카 21,18 참조). 밀알은 끊임없이 뿌려지고, 씨앗이 자리 잡고, 이삭이 자라며, 사람이 그것을 거두어 방앗간으로 가져가고, 반죽하는 사람의 협력을 통해 빵 반죽으로 변화되고, 사제의 봉헌을 통해, 그리스도의 몸이 된다. 이 모든 활동에서 주님의 능력과 섭리는 그분이 선택하신 사람들을 먹이고 기르기 위해 역사한다. 기도하는 사람은 다른 예들을 발견하고 관상하여 하느님을 향한 적극적인 사랑으로 하느님의 역동적인 사랑에 응답할 수 있다. 또한 여기에서 우리는 십자가의 요한 성인의 다음과 같은 기도를 함께 바칠 수 있다.

> "내 영혼은 전념했고, 내 모든 활력은 당신을 섬기는 것에, 이제 습관을 따르지 않고 다른 일도 없이, 오직 사랑만이 나의 일이라오."《영가》 노래 28 CA 19)[51]

넷째, 하느님에 대한 사랑을 불러일으키기 위해 기도하는 사람에게 주어지는 동기로, '본질적으로' 모든 것 안에 계신 하느님의 현존을 묵상하는 것이다. 그 사람이나 어떤 피조물 안에 존재하는 모든 능력, 아름다움, 선함, 경건, 자비는 하느님의 무한한 아름다움, 능력, 선함, 자비의 참여일 뿐이기 때문이다.[52]

이 모든 현실은 그것들이 나오는 근원에 대한 사랑과 감사로 갚을 것을 요구한다. 십자가의 요한 성인은 다음과 같이 말했다.

"많은 은혜 베푸시면서 재빨리 숲을 지나가셨네, 숲을 보면서 가는데, 단지 그분의 모습대로 아름답게 입혀 주셨지."《영가》 노래 5)[53]

내가 나 자신이나 다른 존재에게서 보는 선물과 나 자신을 내어 주는 선물은 자기 자신이나 다른 누구에게 돌려서는 안 되고, 오직 그것들을 주신 분께 돌려야 한다. 여기에서도 십자가의 요한 성인의 기도를 사용할 수 있지 않을까?

"섬기는 모든 것들이 수많은 은총이 당신을 말하네요. 모든 것들이 내게 종기를 돋게 하고, 나를 죽이네요. 무엇인지 모르는 나는 말을 더듬는다오."《영가》 노래 7)[54]

이후 기도는 '주님의 기도'로 마무리한다.

모든 것에서 하느님을 발견하기

우리는 여기서 특별한 관상 방법을 만났다. 이냐시오 성인은 예수회 수련자들의 일상적인 생활 수련을 묘사할 때, 이 묵상 방법을 "모든 것에서 하느님의 현존을 찾는 수련"이라고 부른다.[55] 성인은 모든 것 안에서 하느님을 찾는 이 방법이 하느님을 우리에게 현존하게 하려고 더 높고 더 추상적인 것들로 올라가는 것보다 더 쉬운 묵상이라고 생각했다. 그리고 이를 현실에 대한 신앙의 적용, 구체적인 인간 현실에서 신앙을 구체화하는 습관적인 태도로 본다.[56]

이는 어떤 영적 수준에 있든 간에 모든 신앙인이 도달할 수 있는 것이다. 그래서 이 '사랑에 이르기 위한 관상'을《영신 수련》의 영적 진보의 정점으로 여긴다. 동시에《영신 수련》의 첫 주 수련만 할 수 있었던 사람들에게 이 관상을 기도 방법으로 제공하는 것이 바람직하다고 권장된다.[57]

> 마음에 새기기

- 사랑은 말보다 행동으로 나타나야 하며, 사랑하는 이에게 자기가 가진 것을 나누며 완성된다.
- 기도하는 사람은 하느님을 향한 적극적인 사랑으로 하느님의 역동적인 사랑에 응답할 수 있다.
- 이 방법은 "모든 것에서 하느님의 현존을 찾는 수련"이다.

기도에도 단계가 있다

그리스도교 기도의 단계

기도의 단계를 다룰 때, 기도하는 사람이 자신의 힘으로 오를 수 있는 계단을 설명하려는 것이 아니다. 인간과 하느님의 행위인 그리스도교 기도에서, 주된 행위자인 하느님께서는 당신 원하시는 때에, 원하시는 방식으로, 당신의 피조물에, 당신께서 원하는 은총을 베풀 수 있으며, 당신께는 누구도 시간의 법칙이나 어떤 척도를 부과하는 일이 없다. 그러나 교회의 영성 신학자들은 이 기도하는 사람들에게 발생하는 일반적인 여정을 설명하는데, 이를 위해 종종 은유, 비유 또는 우화를 사용하여 기도 생활 과정의 여러 단계를 나타낸다.[58]

영혼의 성

예수의 데레사 성녀는 기도 생활 과정의 단계를 내적 성城의 다양한 궁실로 표현한다. 성은 영혼이며, 맨 한가운데에 가장 으뜸가는 궁실이 있는데, "하느님과 영혼 사이에 매우 그윽한 비밀이 이루어지는 곳"[59]이다.

영혼들은 마치 성의 순찰대처럼 외적인 일로 바쁘게 지내며 성 안으로 들어가지도 않고, 자기 자신도 모르고, 이해하지도 못하고, 자신들의 큰 비참함을 고치려고 노력하지도 않는다. 성으로 들어가는 문은 기도인데, 그들은 제대로 기도를 실천하지 않아 성의 아름다움과 경이로움을 알지 못한다. 그들은 하느님과 다름없이 대화를 나눌 수 있는 능력이 있는데도 "성 둘레에 득실거리는 벌레나 짐승들과"[60] 거의 똑같은 행동을 한다.

여정

비록 세상에 깊이 빠져 있음에도 불구하고, 성에 들어갈 수 있는 사람들은 어느 시점에 선한 의욕에 사로잡혀 서서히 우리 주님께 자신을 맡기고 자신이 누구인지를 생각한다. 그러나 그들 자신의 지식으로 인해 성의 입구 문을 찾고 '첫째 낮은 궁실'로 들어간다. 다만 그들과 함께 들어온 해충이 너무 많아서 성의 아름다움을 보지 못하고 쉬지도 못하게 된다.

데레사 성녀는 은총 속에 사는 영혼의 상황과 반대로 대죄 속에 있는 영혼의 상황을 묘사하려고 노력한다. 은총 안에 있는 영혼은 생명의 샘인 하느님 안에 심어진 나무와도 같다. 거기에서 생명의 영속성, 신선함, 그리고 그것이 생산하는 열매가 나온다. 그런데 자기 잘못으로 인해 이 샘에서 떠나는 영혼은 매우 검고 악취 나는 물가에 심어진다. 거기에서 흘러나오는 모든 것은 똑같은 불행과 더러움뿐이다.

비록 그 영혼은 무엇보다도 자신의 지식으로 영혼을 즐겁게 하는 기도의 길에 들어섰다고 생각하겠지만, 그 기도는 또한 영혼이 하느님의 위대함과 위엄을 생각하도록 이끈다. 그 안에서 영혼은 세상의 것에 너무 묶여 있는 것보다 자신의 비천함에 대한 더 나은 지식을 발견할 것이다. 그리고 사실 첫째 궁실에서는 비록 영혼이 죄 안에 있을 때와 같이 어둡거나, 어둡지는 않더라도 왕에게서 나오는 빛이 전혀 도달하지 않는다. 그건 궁실의 구조 문제가 아니라, 영혼과 함께 들어온 많은 해충과 유해 물질 때문이다.[61]

'둘째 궁실'에 들어가는 영혼들은 이전에 그들과 함께했던 해충과 뱀이나 유해 물질을 떠나는 것이 좋다는 것을 이해하기 때문에, 힘겹긴 하지만 한 걸음 앞으로 나아간다. 그러나 그들은 좋은 친구나 좋은 책, 설교, 인생의 사건, 질병이나 직업을 통해 하느님의 자비가 그들을 그분께 더 가까이 이끄시는 내면의 목소리를 이미 듣고 있다. 원수는 그들을 유혹하려고 더욱 노력하지만 주님이신 예수님께서 우리를 위해 얼마나 많은 고통을 겪으셨는지, 그리고 기도 속에서 인내하셨는지를 생각하면 그들은 힘을 얻고 앞으로 나아가고자 하는 열망을 갖게 될 것이다.[62]

'셋째 궁실'에 있는 사람들은 그들의 영혼 안에 주님께 대한 거룩한 경외심이 커지는 것을 느낀다. 왜냐하면 누구나 하느님 안에서만 자기 자신을 확신할 수 있기 때문이다. 그들은 소죄로부터 자신을 보호하고, 참회하고, 성찰에 대한 더 큰 열망을 품고, 이웃을 향한 자선의 행위와 말씀으로 시간을 최대한 활용하고자 한다. 그들은 전적으로 주님의 사람이 되기 위해 앞으로 나아가길 원한다. 그러나 주님께서는 그들을 기도의 메마름으로 시험하고 온전케 하셔서 겸손과 고행의 길로 이끄신다. 위로가 없으면 하느님에 대한 갈망이 커진다. 그들은 침묵과 희망 속에서 살려고 노력한다. 기도는 더욱 친밀해지고 깊어지며, 그들은 순종과 희생을 고수한다.[63]

'넷째 궁실'은 자기애에서 벗어나 더욱 정화된 상태인데, 거기에 도달한 사람들은 마음속으로 하느님의 즐거움을 더 깊이 느끼고, 어떤 일에서든 하느님을 불쾌하게 하지 않으려고 노력하며, 예수님과 교회의 살아 있는 구성원들에 대한 사랑이 커짐에 따라 하느님의 영광에 대한 열망이 그들 안에서 자란다. 그들의 기도는 아직 그렇게 지속적이지 않으며, 때때로 그들은 세속적인 생각과 걱정으로 마음이 불안해진다. 그들은 하느님의 사랑이 쾌락에 있지 않고, 삶

의 모든 상황에서 하느님의 뜻과 계획과 깊이 결합하여 있다는 것을 이해하기 시작한다. 영혼은 생명의 샘에 더 가까이 다가간 것을 느끼면서, 때때로 지속적인 평화의 매력은 자기 생각에서 오는 것이 아니라, 영혼의 존재 전체로 확장되고 모든 힘과 감각으로 하느님 안에서 수집하는 내면의 관심과 기쁨에서 오는 것임을 경험한다. 그것은 하느님께서 원하는 사람에게 주시는 물과도 같고 영혼의 모든 힘과 감각을 불러일으키는 목자의 호각 소리와도 같다.

이 길을 통해 영혼은 평화롭고 온화하게 초자연적 지식에 개방되고 이전의 모든 노력과 능력을 뛰어넘는 하느님의 활동에 흡수되는 것을 느낄 수 있다. 하느님의 위대하심은 영혼이 자신의 비천함과 세상의 덧없음을 느끼게 한다. 이제 사람의 마음은 넓어지고, 하느님께서 자신을 실망시키지 않으실 것이라는 확신이 커지며, 하느님을 위해 무언가를 하려는 강한 의지가 생긴다. 그들은 초자연적인 수동적 회상의 단계에 들어간다.

이것은 이러한 은총의 수혜자가 사탄의 속임수에 주의를 기울이고 위험한 상황을 피하며 계속 겸손하고 끈기 있게 기도해야 한다는 것을 포기해도 된다는 의미가 아니다.[64]

데레사 성녀는 자기 경험을 가지고 이러한 궁실들을 묘사했다. 다음 궁실들에서 성녀는 사소한 일에서도 그녀의 영혼을 속이고 빗나가게 하는 원수의 기술을 묘사한다. 그녀가 견뎌야 했던 특별한 고통과 '다섯째 궁실에서의 일치 기도'로 이르게 했던 시련, 그리고

'여섯째 궁실'에서의 영적 약혼과 '일곱째 궁실'에서의 영적 결혼으로 넘어간 놀라운 신비적 현상들이 이어진다. 이 부분은 특별한 상태나 상황에서의 기도에 관한 것이므로, 십자가의 요한 성인이 묘사하고 설명한 여정을 제시하면서 이를 좀 더 자세하게 다루고자 한다.

데레사 성녀의 여정

나는 데레사 성녀의 여정이 로욜라의 이냐시오 성인이 《영신 수련》에서 한 말을 어떻게 확증하는지 강조하는 데 관심이 있다.

"무릇 자기 사랑과 자기 의지와 이권에서 벗어날수록 모든 영적인 일에서 더 진보한다는 것을 생각하라."(《영신 수련》 189항)

여정을 주의 깊게 살펴보면 각 단계가 양심의 정화와 하느님께 더 가까이 다가가는 과정에 해당한다는 것을 알 수 있다. 하느님께서는 영혼이 이기적인 애착과 집착을 버리고 회개하고 그것들과 죄의 기회에서 벗어나도록 부르신다. 그리고 기도로 받은 은총에 영혼이 응답하면, 하느님과 더 깊은 만남을 위해 자기 마음을 준비시키게 된다. 이러한 지식이 커질수록 하느님에 대한 사랑이 커지고 자신의 이익보다 하느님과 하느님의 영광에 더 관심을 두려는 영혼의 소망도 커진다. 즉 자기 부정과 기도 생활의 성장에 상관관계가 있다는 말이다. 기도 생활을 잘하고 하느님과 이웃을 잘 섬기려면 자기 부정에 대한 열망이 커져야 하는 것이다.

또한 우리는 참된 기도라는 그리스도교 영성 생활이 주체의 내적 생활로만 축소될 수 없고, 하느님과 이웃에 대한 봉사의 충실성을 동반해야 한다는 것을 흥미롭게 살펴볼 수 있다. 하느님과 이웃에 대한 봉사는 기도와 하느님을 대하는 내적 생활의 성장에서 모든 이기심이 제거되어 가장 참된 추진력을 얻는다.

우리의 외적 생활에서 하느님의 뜻에 대한 충실함이 증가하지 않고는 내적 생활이 성장할 수 없고, 기도의 내적 생활이 성장하지 않고는 진정한 외적 충실성이 증가할 수 없다.[65]

> 마음에 새기기

- 데레사 성녀는 기도 생활 과정의 단계를 다양한 궁실로 표현한다.
- 우리 영혼은 기도의 길을 통해 이전의 모든 노력과 능력을 뛰어넘는 하느님의 활동에 흡수되는 것을 느낄 수 있다.
- 기도 생활을 잘하고 하느님과 이웃을 잘 섬기려면, 자기 부정에 대한 열망이 커져야 한다.

3부

기도의 적용

기도를 일상에 녹이는 법

특별한 기도

일반적인 여정을 벗어나는 기도

앞서 예수의 데레사 성녀와 이냐시오 성인의 가르침에 따른 기도의 단계를 설명하며 소개한 일반적인 여정을 벗어나, 영혼에서 일어나는 이 기도를 특별한 기도라 부르겠다.

특별한 기도를 설명하기 위해서는 십자가의 요한 성인의 가르침이 도움이 될 것이다. 그러나 이 기도에 대해서는, 영적 삶의 전체 여정이 산과 밤의 상징으로 드러나는 하느님과의 일치를 향한 여정에 기반을 둔 근본적인 신학적, 실천적 기초를 살펴본 후에 다룰 것이다.

산의 모습은 하느님과의 일치인 빛과 좋은 것들로 가득 찬 넓은 정상을 향한 등반을 나타낸다. 등반의 어려움은 생명으로 인도하는 길은 좁은 길로 등장하고, 반면에 빗나가는 쾌락의 길이 넓은 길로 나타난다. 오르려는 노력을 하게 만드는 역동성은 하느님의 주도로 영혼에 각인된다. 왜냐하면 하느님께서 영혼을 부르시고 그 일치로 끌어들이시기 때문이다.

향주덕 Virtutes Theologicae(믿음, 희망, 사랑)

향주덕의 실천은 기도하는 사람에게 인간의 전 존재, 즉 영적 요소와 감성적 요소에 영향을 미치는 하느님의 선물을 가져다준다. 그리고 여기에 밤이라는 상징이 삽입된다.[66]

향주덕의 실천은 인간의 모든 역동성을 통합하고 정화하여 하느님과의 일치를 준비시키는 수단이다. 하느님과의 초자연적 일치를 향한 민감하고 영적인 인간 역동성의 이러한 통합과 정화는, 무질서한 타고난 욕구를 한갓 본능적으로 행사하면서 어두워지고 밤을 초래한다. 여기서부터 길의 단계를 감각의 밤과 영의 밤으로 구분한다.[67]

그리고 이 산을 오르는 길의 첫 번째 부분에서는 인간의 감각적인 부분이 '능동적인 협력'을 통해 더 많이 행사되어야 해서, 이를 '감각의 활동적인 밤'이라고 한다. 영이 활동하는 밤에 인간의 영적인 부분에서도 같은 일이 일어난다. 그것은 정화와 사랑과 하느님과의 일치 안에서 올라가는 길이다. 모든 것에는 하느님의 은사와 인간의 활동이 작용한다. 그러나 길에서 어느 정도 높은 지점에 도달한 후에는 하느님의 활동은 인간의 가능성을 공급하는 데 더욱더 배타적이다. 그러므로 '감각과 영의 수동적인 밤'이 되는 것이다.

하느님께서 원하실 때 인간을 수동적으로 정화하기 위해 특별한 방법으로 개입하실 수 없다는 것이 아니다. 그러나 그 정화의 일상적인 길에서 그분께서는 인간의 협력을 원하신다.

"누구든지 내 뒤를 따라오려면, 자신을 버리고 날마다 제 십자가를 지고 나를 따라야 한다. 정녕 자기 목숨을 구하려는 사람은 목숨을 잃을 것이고, 나 때문에 자기 목숨을 잃는 그 사람은 목숨을 구할 것이다."(루카 9,23-24; 마태 16,24-25 참조)

자기애의 부정과 하느님의 사랑은 서로에게 도움이 된다. 십자가의 요한 성인의 《빛과 사랑의 말씀 Dichos de luz y amor》 중에는 "하느님께서 모든 것을 주시길 원하는 영혼은 자신을 위해 아무것도 남기지 않고 모든 것을 주어야 한다."[68]라고 명시되어 있다. 하느님과 일치하기 위해 마련된 수단은 믿음, 희망, 사랑이므로 영혼은 기도에 믿음, 희망, 사랑 외에 다른 어떤 지원도 해서는 안 된다.[69]

산기슭에는 다음과 같은 문장이 쓰여 있다.

"모든 것을 맛보려고 하니,

아무것도 맛보고 싶어 하지 않는다.
모든 것을 알게 되니,
아무것도 알고 싶어 하지 않는다.
모든 것을 소유하려고 하니,
아무것도 소유하지 않고 싶어 하지 않는다.
모든 것이 되기를 바라지 말고,
아무것도 아닌 것에서 무언가가 되기를 바라지 말라."[70]

여기에는 맛보는 것, 아는 것, 소유하는 것, 존재하는 것이 거부된 것처럼 나타난다. '원하지 않음'이란 욕망과 주체의 의지로 받아들인 호감을 모조리 거부한다는 것으로, 하느님이 아닌 모든 것을 거부하는 데에 적용된다. 십자가의 요한 성인에 따르면 '아무것도'는 '땅의 재화'와 '하늘의 재화'를 말한다. 왜냐하면 "오직 하느님의 영예와 영광만이 이 산에 머물러 있기 때문"이다.[71]

그것은 우리 각자에 대한 하느님의 뜻과 그분의 사랑에 벗어나는 자신이나 다른 존재에 대한 모든 사랑을 포기하는 것이다. 또한 이기심을 버리고, 자기를 부인하여 항상 모든 일에서 하느님의 뜻에 따라 사는 것이다. 자기를 부인하고 예수님을 따르는 사람(마태 16,24 참조)은 예수님과 함께 "내 양식은 나를 보내신 분의 뜻을 실천하고, 그분의 일을 완수하는 것이다."(요한 4,34)라고 말할 수 있을 것이다.

십자가의 요한 성인이 말하는 관상은 향주삼덕에 해당하는 애덕 실천을 통해 인간을 하느님과의 일치로 이끄는 수련이며, 하느님을 향한 이웃 사랑으로 나타난다. 이는 신앙의 신비를 전적으로 고수하는 것으로, 신앙의 신비는 묵상을 수련함으로써 정서적으로나 지적으로 점점 더 단순하고 빛나고 통일된 행동으로 실현된다. 그리스도 안에 나타난 하느님의 현존과 사랑은 성경을 통해 인간 안에서, 세상에서, 우리 자신 안에서, 이웃 안에서, 전례 안에서, 어떤 상황이나 현실에서도 영적인 경험이 된다.

 이러한 상황이 묵상 활동의 최종 결과로서 몸에 뱄을 때, 우리는 그것을 '습득된 관상'이라고 부를 수 있다. 이는 확실히 은총에 협력한 결과다.

 십자가의 요한 성인은 관상으로 전환할 때, 기도하는 사람의 영혼 속에서 하느님의 행위에 종속된 수동성을 그 영적 상태의 특징으로 다룬다.[72] 그것을 두고 우리는 '신비적 관상'이라고 부를 수 있다. 그것은 여전히 믿음의 차원에서 이루어지며, 나중에 보게 될 천국의 차원과는 다르다. 하느님께서는 다양한 수준이나 강도剛度에서 그분의 현존과 행위에 대한 이 수동적인 인식을 자유롭게 허락하신다.[73] 결국 주도권은 하느님에게서 나오며, 따라서 영혼과의 소통의 기간과 형태는 그분께 달려 있다.

 안식, 비교할 수 없는 평화, 영적 기쁨, 특별한 깨달음, 신비에 대한 깊은 통찰력, 빛나고 즐거운 상처 등 그 거저 주는 특성을 강조하여 객관적인 현실에 대한 감탄, 겸손, 깨달음을 불러일으킨다. 그리고 그것들은 인간의 적극적인 투영이나 주관적인 욕구로 관리할 수 있는 것이 아니다.[74]

이런 신비한 상황에 놓인 사람은 자신의 한계와 약점을 드러낼 수 있으며, 하느님과의 특별한 만남의 강렬함을 견딜 수 있도록 하느님께 도움을 받아야 하기도 하다. 공중 부양, 황홀경 또는 자연적 감각 능력의 부분 상실 같은 신체 현상이 나타날 수 있기 때문이다. 그러나 인간의 연약함 속에서 나타나는 이러한 결과는 받은 은총의 본질이 아니다. 중요한 것은 하느님의 초자연적 사랑과 믿음과 희망의 증대를 통한 하느님과의 일치다.

하느님께서 영혼과 소통하는 효과는 '환시', '계시' 내지는 '말씀'의 형태로 나타날 수도 있다. 데레사 성녀는 이러한 현상을 경계하며, 하느님에게서 오는 것과 인간 상상의 산물인 것과 악마에게서 나오는 현상 사이의 차이점을 분명히 한다.[75] 십자가의 요한 성인은 직설적이고 단호하게 가르친다. 무엇보다도 그것들을 원하지도 않고 구하지도 말아야 한다는 것이다.

"누구든지 하느님께 어떤 환시나 계시를 구하고자 하거나 원하면 어리석은 일을 할 뿐 아니라 하느님께 죄를 짓는 것이니, 다른 것 내지는 새로운 것을 원하지 않은 채 그리스도께 온전히 주목하지 않는 것이다."[76]

또한 영혼이 이런 것을 느낀다고 해서 자신이 더 나은 사람이라고 믿어서는 안 되며, 자기 자신을 믿어서도 안 된다고 가르친다.

"영혼이 어떤 방식으로든, 받는 것은 무엇이든 초자연적인 수단을 통해서든, 명확하고 분명하며 완전하고 단순하게 일치해야 하고 나중에 영적 스승과 소통해야 한다. 왜냐하면, 그것에 대해 설명하거나 시간을 보낼 이유가 없는 것처럼 보일지라도 ― 그것을 거부하고 그것에 관심을 기울이지 않거나 사랑하지 않음으로써 영혼은 안전하게 남아 있기 때문이다. 특히 초자연적인 의사소통이 명확하든 그렇지 않든, 영혼이 필요 없다고 생각하더라도, 모든 것을 말하는 것은 여전히 매우 필요하다."[77]

훌륭한 영적 스승은 이 사람들이 이 모든 것에서 주의를 돌리도록 차분하게 돕고, 믿음 안에서 나아가고 이러한 욕망을 영에서 벗겨 내고, 의지의 행위나 애덕에 의해 움직이는 사실이 어떤 환시나 계시보다 하느님 앞에서 더 가치가 있다는 것을 이해하도록 가르쳐야 한다.[78]

말이나 소통이 '실체적substantialis'일 때, 상담자에게 전달되기 전에 이미 효과가 나타난다. 우리가 그분의 뜻과 그분의 이름으로 우리를 인도하는 권위를 고수하려는 원의에 따라 행동할 때, 하느님께서 원하시는 것을 잃을까 봐 두려워할 필요가 없다.[79]

하느님께 순종한다는 것

이러한 유형의 기도에 도달할 때, 외부에서 취할 수 있는 방법은 없다. 오히려 주님께서 허락하시는 수동적인 길에 대한 영혼의 온순함 혹은 순종이 중요하다. 다음 장에서 관상의 단계를 인식하기 위해 십자가의 요한 성인이 제시한 규범을 설명하며 이 행동을 다루겠다.

무엇보다도 상담을 받는 사람은 영혼 속에 있는 하느님의 일을 존중해야 하고, 그 일을 방해해서는 안 되며, 충분한 지식과 경험을 가지고 그것을 지도할 수 있는 사람에게 알리는 방법을 알아야 한다. 경험의 주체가 자신을 이해하는 사람을 찾지 못한다면, 인내심을 가지고 끈기있게 하느님을 신뢰함으로써 자기를 위로해야 한다. 하느님께서는 당신께 신뢰하며 단순한 마음으로 당신을 찾는 사람들을 버리지 않으실 것이다.[80]

― 마음에 새기기 ―

- 십자가의 요한 성인의 말처럼 "하느님께서 모든 것을 주시길 원하는 영혼은 자신을 위해 아무것도 남기지 않고 모든 것을 주어야 한다."라는 점을 기억해야 한다.
- 우리가 하느님과 일치하기 위해 마련된 수단은 믿음, 희망, 사랑이다.
- 이기심을 버리고, 항상 모든 일에서 하느님의 뜻에 따라 살아야 한다.

관상에 들어가는 길

십자가의 요한 성인이 제시하는 세 가지 징표

십자가의 요한 성인은 사람이 감각적 욕구의 수동적 정화 과정을 거치면서 감정적 차원에서 느끼는 메마름과 불쾌감을 자기 죄나 결함, 게으름이나 미온적 태도, 몸의 불편함 혹은 우울증에서 비롯되는 여타의 다양한 메마름과 어려움과 구별하기 위해 세 가지 징표를 제시한다.

'첫째 징표'는 사람이 영적인 하느님의 일뿐만 아니라, 현세의 피조물에 관해서, 그리고 현실에 관해서도 아무런 즐거움과 위안을 전혀 찾지 못하는 것이다. 이는 하느님께서 그 사람을 감각적 욕구에서 정화하시려고 어두운 밤에 넣어 주셨기 때문이다. 만약 그것이 죄나 결함에서 비롯된 것이었다면, 그러한 것들에 대한 그의 무질서한 성향으로 인해 즐거움과 위안을 전혀 못 느끼는 것이 아니라, 그런 느낌을 애착 정도에 따라 더 많이 또는 덜 느낄 것이다.

그러나 이러한 메마름과 불쾌감은 몸의 불편함 혹은 우울증에서 비롯될 수 있기에 성인은 '둘째 징표'를 덧붙인다. 비록 그 사람이 자기 감각 부분에서 행동하기에는 느슨함과 결함을 느끼더라도, 그의 영은 준비되어 있고 강하며, 하느님을 섬기려는 열망은 확고하게 유지된다는 것이다. 그가 느끼는 고통이나 걱정은 자신이 원하는 대로 하느님을 섬기지 않았기 때문에 발생했을 가능성에서 비롯된다.[81]

그 사람은 이전에 누렸던 온화함과 위안을 얻으려고 노력하고, 자신의 힘으로 행동하기를 원함으로써, 오히려 하느님께서 지금 그의 영혼 안에서 하고 계시는 일을 방해한다. 왜냐하면 하느님께서 기도하는 사람을 관상으로 인도하는 상태에서는 그 사람이 지금까지 작동시켰던 본성적 사고력과 그 사고의 도움을 치워 버리고 당신께서 몸소 활동하기를 원하시기 때문이다.

이제 하느님께서는 감각을 통하지 않고, 지식을 내용으로 주고받는 식의 담화가 아니라 순수한 영, 그리고 단순한 관상을 통해 소통하기 시작하신다.

관상으로의 전환을 구별하는 '셋째 징표'는 사람이 묵상하거나 상상으로 사색하는 것이 불가능하다고 느끼는 것이다. 내가 좋아하지 않는 것이 아니고, 바라지 않는 것도 아니며, 게으른 나머지 그것에 전념하지 않는 것도 아니다. 그렇다고 기분이 울적한 것은 더욱 아니다. 만일 그렇다면, 그저 그런 기분의 상태가 지나고 나면 묵상 활동과 상상력을 예전처럼 사용할 수 있을 테니 말이다. 여기에서 하느님께서 상시적인 관상의 상태로 부르신 사람들과 일시적으로 또는 어떤 시기에만 사색과 담화를 사용할 수 없는 초연함을 경험하는 사람들 사이에 차이가 나타난다.[82]

관상은 기도하는 사람을 정화하거나, 일깨우거나, 하느님과 일치시킬 수도 있으며, 이러한 여러 가지 기능을 동시에 발휘할 수도 있다. 이는 일반적으로 이미 그것을 근면하게 활용했거나 완벽한 상태에 있는 사람들에게 나타난다.

관상 단계에서 적용하는 방법

앞서 말했듯이, 기도하는 사람의 이러한 관상 단계에서는 적용할 방법보다는 정식 기도 시간에 어떻게 처신할지를 다루어야 한다. 이는 하느님께서 자신을 정화하시고, 깨우쳐 주시고, 다른 감각적 욕정이나 자기애, 이기적 관심에서 비롯된 모든 욕망을 달래어 인도하시도록 맡기는 것이다.

그리하여 당신께서 우리에게 신적 선물로 주시는 행동 가능성을 받아들이는 것이다. 하느님과의 사랑의 일치는, 그분께서 그러하시듯이 사랑받고 싶어 하고, 이웃과 당신 안의 모든 피조물을 사랑하기를 원하시는 하느님의 뜻과 동일시되어 가는 것이다.

십자가의 요한 성인의 가르침에 대한 의견

십자가의 요한 성인이 영혼의 어두운 밤에 대한 이론에서 사용한 몇 가지 용어만을 고수하고, 하느님과의 일치를 이루기 위한 감수성, 상상력, 담화를 '무nada'라는 개념에만 초점을 맞추어 마치 그 모든 것을 포기해야 하는 것으로 생각하는 사람들은 신비주의의 거룩한 거장에 대해 잘못된 해석을 내릴 수 있다.*

십자가의 요한 성인에게 예수 그리스도는 영혼이 일치되기를 원하는 영혼의 배우자이며, 그의 영가는 그분을 위해 쓰였다.

> "하느님의 아들이신 그 거룩한 지혜와 합일된 영혼은 하느님과 인간의 숭고한 신비를 알게 될 것이나이다."[83]

---

* 십자가의 요한 성인의 전부라 할 수 있는 하느님을 얻으려면 아무것도 갖지 말고 포기하라는 영성적 표현이다(《가르멜의 산길 subida del mante carmelo》 1,13,11 참조). 그런데 이 '전-무Todo-Nada'에서 응용하여 일부 영성가들이 기도 생활에서도 십자가의 요한 성인의 가르침을 오해하여 실천적 방법론마저 모두 이탈해야 한다고 주장하기도 했었다. ─ 역자 주

여기서 '무nada'는, 이미지나 지식의 수단을 목적과 혼동하는 애착과 순전히 인간적인 집착을 버리는 것을 의미한다. 하느님의 아들이 육화하신 목적은 아버지께로 가는 길을 만드는 것이다. 그것은 그리스도의 보이고, 들리고, 만질 수 있는 몸짓과 말씀과 행동을 통해 하느님의 보이지 않는 것을 알리는 것이다.

그러므로 예수의 데레사 성녀는 기도의 가장 높은 단계에서도, 기도 안에 그리스도의 인성(심지어 그분의 "초상과 형상"까지도)이 현존한다는 데 대해 다음과 같이 열렬히 변증을 하였다. "영성 저술가들은 모든 육체적 상상력을 제쳐 두고 물체적 온갖 형상을 멀리하고 오로지 천주성에 대한 관상만을 매우 권하고 있습니다. 그러한 형상은 비록 주님의 인성일지라도 드높은 상태에 다다른 영혼에는 가장 완전한 관상에 방해가 되고 해롭다고 그들은 말합니다."라고 하면서 그렇게 조언하는 책들을 반대했다.[84]

나는 그리스도께서 필립보에게 하신, "나를 본 사람은 곧 아버지를 뵌 것이다."(요한 14,9)라는 말씀과 토마스에게 "나를 통하지 않고서는 아무도 아버지께 갈 수 없다."(요한 14,6)라고 하신 말씀이 매우 진지한 신학적 확인이라고 생각한다.

이는 그리스도의 '구속redemptio' 없이는 아버지께로 갈 수 없다는 사실만을 언급하는 것이 아니라, 아들을 관상하는 것이 아버지께로 가는 길이라는 사실을 의미한다. 나는 하느님의 초월성이 인간과 소통하기 위해 만들어진 유형무형 간의 모든 장벽을 극복하고, 하느님께서는 인간의 모든 형상과 담론을 초월하시지만 인간 영혼과 소통하실 수 있다고 생각한다.

그리스도인의 기도에서 믿음은 훈련되며, 믿음은 계시를 듣는 것을 요구한다. "믿음은 들음에서 오고 들음은 그리스도의 말씀으로 이루어"진다(로마 10,17). 인간은 그리스도와의 만남과 그리스도를 따르는 가운데 하느님을 발견한다.[85] 기도할 때 형상이나 담화 없이 하느님의 현존이 전달되는 경우나 상황도 있다. 그러나 하느님과의 소통은 초월적이며, 담화나 이미지가 동반되어 수행될 수도 있고, 영혼과의 의사소통을 통해 생성될 수도 있다.

이것은 그리스도교 전통에 의해 입증되며, 그 열매는 인간이 자기 삶과 세상 현실에 대해 하느님의 뜻을 전적으로 따르는 것이다. 만사는 밝든 슬프든 하느님 사랑의 섭리에 달려 있다. 또한 자신의 인격을 향한 하느님의 계획에 따라 이웃을 사랑하고 봉사하는 데 헌신해야 한다.[86]

보통은 이미지와 담화 없이 지내고 싶어 하지만, 기도에서 그리스도 안에 나타난 하느님의 뜻을 찾고자 노력하지 않는 것은 매우 치명적인 실수다. 하느님과의 신비로운 만남은 인간적인 기술에 기초한 것이 아니다. 그것은 인간이 과분하다고 느끼는 하느님의 선물이다.

그리스도의 신비에 들어가서 이를 그리스도인 각자의 삶에 적용하는 것은 성령의 일이며, 인간은 이를 위해 정화와 겸손한 청원으로 준비해야 한다. 주님 성탄 대축일 감사송에 따르면, 하느님께서는 당신의 섭리로 아드님 육화의 길을 자유로이 결정하심으로써, 우리가 그리스도의 보이는 실재를 통해 보이지 않는 사랑에 도달할 수 있다.

십자가의 요한 성인은 《영적 찬가》에서 "영혼과 신랑이신 그리스도 사이의 사랑 실천을 다루는 노래들"[87]이라고 하며 예수 그리스도를 '사랑하는 자', '영혼의 신랑'이라고 부른다. 그리고 영적 결혼 상태에 있는 《영적 찬가》 B의 23연連에서 이렇게 말했다.

"인간의 본성이 아담에 의해서 타락하였으며 낙원에 있는 금단의 나무로 파괴된 것과는 대조적으로, 당신의 수난과 죽음을 통하여 당신의 은혜와 자비의 손길을 펼치시고, 십자 나무로 인간의 본성이 구속되고 회복되었다고 말씀하시면서, 신랑께서는 인간의 본성이 타락하고 파괴된 바로 그 방법을 통하여 영혼을 구속하시어 신부로 맞아들이시는 놀라운 계획을 이 노래에서 영혼에게 설명하신다."[88]

예수의 데레사 성녀는 마음을 다해 이렇게 썼다.

"그러나 우리가 항상 우리 앞에 이 지극히 거룩한 그리스도의 인성을 찾아내고 간직하는 데에 온 힘을 다하지 않고 그 인성에 대한 인식을 피하려 하거나 신경을 끊는 데에 능숙하고 조심스럽게 익숙해진다

관상에 들어가는 길

면 저는 그걸 좋지 않다고 말합니다. 그런 경우, 제 딴에는 하느님으로 충만하여 있다고 믿지만, 그 영혼은 지지 기반이 없어서 마치 공중을 걷는 것과 같습니다."[89]

> **마음에 새기기**

- 관상은 기도하는 사람을 정화하거나, 일깨우거나, 하느님과 일치시킬 수도 있으며, 이러한 여러 가지 기능을 동시에 발휘할 수도 있다.
- 하느님께서 기도하는 사람을 관상으로 인도하는 상태에서는 당신께서 몸소 활동하기를 원하신다. 이제 그분께서는 감각을 통하지 않고, 순수한 영과 단순한 관상을 통해 소통하기 시작하신다.
- 하느님과의 신비로운 만남은 인간적인 기술에 기초한 것이 아니고, 이는 인간이 과분하다고 느끼는 하느님의 선물이다.

일상에서 바치는 기도

 그리스도교 기도는 믿음의 실천이며, 믿음은 하루 중 특정 시간으로 축소되지 않고 성장함에 따라 삶의 모든 활동과 측면에 스며든다. 살아 있는 믿음은 그 안에 하느님의 사랑을 담고 있다. 하느님께서는 당신께서 창조하신 모든 것을 제한 없이 사랑하시며, 그 사랑은 쉬지 않고 끊임없이 퍼져 나간다.

 정식 기도는 침묵과 사색 속에서, 내면과 외면의 힘을 현존하시는 하느님을 인식하는 데 집중하고, 내적으로 그분 음성을 경청하는 데 바치는 시간이다. 이러한 하느님과 그분의 현존에 대한 인식은 우리의 일상 매 순간에, 즉 우리가 먹을 때, 잠잘 때, 또는 우리의 소명에 필요한 일을 할 때, 사랑을 통해서 하느님의 뜻을 실현하는 데 도움이 되어야 한다.[90]

 그런데 일상의 신앙생활과 끊임없는 기도를 무질서한 취미, 이기심, 즐겁거나 고통스러운 현실에 관련된 외적 매혹 등이 가로막는다. 이는 우리를 피상적이고 외적인 것으로 향하게 하여, 모든 상황에서 우리 사랑의 응답을 기다리시는 하느님과 관계를 맺고 있는 피조물들을 보지 못하게 한다.

그래서 마음을 열고, 하느님께 순수하고 단순하게 붙어 있어야 하며, 정해진 시간 외에도 항상 현존하시는 하느님의 섭리를 신뢰하고, 모든 것에서 그분을 찾기 위해 그분을 원하는 것이 필요하다. 그런 의미에서 화살기도는 믿음과 사랑에서 태어난 이러한 욕망의 표현이거나, 이를 일으키는 도구다. 명시적 또는 내적으로 형성된 짧은 화살기도들을 통해 사람은 모든 사물과 사람에서 하느님을 찾고 만나는 방식에 익숙해질 수 있다.

테살로니카 신자들에게 보내는 첫째 서간에서 바오로 사도는 "끊임없이 기도하십시오. 모든 일에 감사하십시오."(1테살 5,17-18)라고 권고하였고, 로마 신자들에게 보낸 서간에 "나는 기도할 때마다 하느님의 뜻에 따라 끊임없이 여러분 생각을 합니다."(로마 1,9-10 참조)라고 언급함으로써, 앞의 권고를 스스로 이루는 듯하다.

이냐시오 성인은 같은 맥락에서 예수회 학생들에게 다음과 같이 조언했다.

"모든 일에서 우리 주님의 현존을 찾는 데 힘쓰십시오. 그리고 이러한 좋은 수련은 비록 짧은 기도일지라도 우리를 준비시키고 주님의 위대한 방문을 일으킬 것입니다. 게다가 우리는 우리 주 하느님께 여러 번 자신의 공부와 일을 바치면서 수련할 수 있습니다. 우리가 그분의 사랑으로 그것을 받아들이고, 우리의 즐거움을 부차적인 것으로 여기면서 어떤 식으로든 그분을 임금으로 섬기고, 그분께서 목숨을 바쳐 사랑하신 사람들을 돕는 것입니다."[91]

성인은 "그들이 덕성을 위한 수련(매일 미사 참례 하기, 한 시간 동안의 기도와 양심 성찰하기, 8일마다 고해성사하고 영성체 하기)을 넘어서는 긴 명상을 할 수 없다"고 언급했다.

어쨌든 이 일상의 기도는 사도직 직무에 헌신하는 사람이나, 집안일을 하거나 자녀 교육을 하는 부모, 직업을 가진 사람도 할 수 있다. 물론 상대적으로 그들은 학생들보다 기도에 더 오랜 시간을 바칠 수 있거나 바쳐야 한다. 우리는 모든 위대한 기도의 영성가들에게서 하느님에 대한 사랑의 완성이 그들을 그런 경지로 이끌었다는 것을 알 수 있다.

소화 데레사 성녀는 다음과 같은 말을 남겼다.

"저에게 기도는 심장 박동이요, 하늘을 향한 단순한 시선이며, 시련 속에서나 기쁨 속에서나 감사와 사랑의 외침입니다. 간단히 말해서, 그것은 제 영혼을 확장하고 저를 예수님과 일치시키는 위대하고 초자연적인 것입니다."[92]

흑인 노예들의 사도, 베드로 클라베르San Padro Claver 성인은 "모든 일에서, 모든 일에 대해 (하느님을) 기쁘게 해 드리고 그분에게 기쁨을 드리기 위해"라고 말했다.[93]

그리고 프란시스코 보르하S. Francisco Borja 성인은 그의 영적 일기에 "어떤 식으로든, 항상 그분의 뜻을 행하라, 마치 그의 손으로 연주하거나 뜯는 악기처럼."[94]이라고 썼다. 그리고 그는 항상 시계의 리듬에 맞춰 기도하려고 노력했다. 예수회의 총장으로 선출된 지 몇 달 후, 그는 1565년 11월 5일 자 노트에 이렇게 적었다.

"(구걸하는) 가난한 사람처럼 매시간 간청할 것."[95] 다음 날 받은 은총과 깨달음: "금요일에 집과 학교에서 하는 담소들. 지팡이와 만나를 우리 영혼인 방주에 간직하기, 거기엔 경외와 사랑이 있다. 위험에서 자신을 지키기 위해 지팡이의 효과를 보라. 그리고 만나의 효과는 그리스도를 통해 모든 것이 달콤해지게 한다. 경외에 대해서도 마찬가지다. 카르투시오회 수사와 복음 전파자의 차이점을 보라. 어떤 사람들은 사막에서 그리스도를 본받고, 다른 사람들은 그리스도를 복음 전파하고 설교한다. 마치 천사들이 사막에서 그리스도를 섬겼듯이, 한 천사가 하느님의 말씀을 전했듯이, 우리의 천사적 삶은 하나의 삶과 또 다른 삶의 모습을 통해서 천국에서 공존한다는 것을 보여 주기 위한 것이다."[96]

기도를 옹호하는 위대한 설교가인 요한 크리소스토모 성인은 우리가 무엇을 구하는지 묵상할 때만 기도하는 것이 아니라고 가르쳤다. 성인은 끊임없는 기도 안에서, 우리가 삶에서 더 풍성한 열매를 얻을 수 있는 적절한 환경을 발견한다.

"의무로 바쁠 때나 병자를 돌보거나 다른 직업이나 유용한 일을 무료로 할 때, 하느님에 대한 갈망과 기억을 섞어서 마치 하느님 사랑의 소금으로 양념한 것처럼 모든 것이 하느님께 가장 달콤한 음식이 되게 하십시오."[97]

로욜라의 이냐시오 성인은 회헌 제3부에서 다음과 같이 권했다.

"모든 것에서 우리 주 하느님을 찾고, 오로지 창조주 안에 사랑을 집중함으로써, 가능한 한 모든 피조물에 대한 사랑을 제쳐 두고, 모든 것 안에서 그분을 사랑하고, 모든 것을 그분 안에서 사랑하십시오. 이는 그분의 가장 거룩하고 신성한 뜻에 따른 것입니다."[98]

온 마음을 다해 사랑받으실 만한 분은 모든 것 안에 계시므로 모든 것 안에서 사랑받으실 수 있다. 그리고 하느님을 사랑한다면, 우리는 그분 안에 있는 모든 것을 사랑할 것이다. 그분 안에서 모든 것을 사랑하지 않는다면, 그것들이 창조된 목적이 아닌 것 때문에 그것들을 사랑하는 것이고, 이는 그분의 사랑에서 벗어나는 것이다. 그것은 지극히 거룩한 하느님의 뜻에 부합하지 않을 것이다.

⟨ 마음에 새기기 ⟩

- 그리스도인의 기도는 믿음의 실천이다. 믿음은 하루 중 특정 시간으로 축소되지 않고 성장함에 따라 삶의 모든 활동과 측면에 스며든다.
- 기도 시간에는 침묵과 사색 속에서, 현존하시는 하느님께 집중하고 그분 음성을 경청하는 데 바쳐야 한다.
- 모든 위대한 기도의 영성가들에게서 하느님에 대한 사랑의 완성이 그들을 그러한 경지로 이끌었음을 알 수 있다.

기도가 어려운 날에

실천 없는 신앙생활

"인생에서 가장 어렵고 힘든 일 중 하나는 하느님께 나아가 그분을 친밀하게 대하는 법을 아는 것이다. 그리고 이런 이유로 좋은 지침 없이는 이 길을 따를 수 없고, 길을 잃지 않도록 알려 주는 경고 없이는 따를 수 없다."[99]

16세기 알칸타라의 베드로 San Pedro de Alcántara 성인이 한 말이다. 이러한 어려움의 근원을 살펴보면, 21세기에도 여전히 매우 심각한 문제인 듯하다.

이 문제의 근본적인 이유는 많은 사람이 신앙이 부족하거나 약하기 때문이다. 만약 자신이 진리에 도달할 능력이 없다고 생각하고, 자기에게 형성된 기준이 없으며, 단지 다수의 의견에 따라 살아간다면, 절대적인 지향점이 부족한 것이다. 양심이 그를 깊이 부르고 있지만, 오늘날 세상의 복잡한 업무에서 해결해야 할 문제의 쇄도, 생존에 필요한 것에 대한 요구, 미디어의 빠른 속도, 끊임없이 쏟아지는 뉴스와 불필요한 광고는 항상 그를 표면적이고 즉각적인 것들로 끌어당기며, 내면의 굶주림과 갈증을 해소하는 데 필요한 내적 침묵과 성찰에서 멀어지게 한다.

깊은 갈증을 느낄 때면, 우리는 개인적 또는 가족의 필요 사항에 대한 요청 때문에 기도를 줄이거나, 거의 기도하지 않거나, 아니면 그나마 아직 잊지 않은 한두 개의 기도문으로 막연하게 소리내어 암송하며 기도할 수도 있다.

시간과 장소

누군가에게 묵상(정신 기도)하는지, 또는 묵상을 하도록 권유받는지 묻는다면, 대부분 현대인들은 가장 먼저 시간이 없다고 대답할 것이다. 그런데 쓸모없는 일을 할 시간과, 아무것도 하지 않고 낭비하는 시간은 너무나 많다.

대개 우리가 관심 있는 것, 좋아하는 것, 진심으로 원하는 것을 위한 시간은 있다. 그러므로 기도의 필요성과 가치를 확신하는 것이 중요하다. 이는 주님과의 개인적이고 진실하며 지속적인 만남을 기도에 담아 자기 삶에 녹여 낸 사람들이 경험하는 것이다.

처음부터 말했듯이, 인간은 이 세상에서 실행하고자 하는 어떤 활동도 특정한 장소와 시간을 바치지 않고서는 수행할 수 없다. 그렇지 않다면, 그의 목적은 좋은 소원의 구름 속에 머물러 있을 뿐이다. 만약 먼저 적절한 장소와 시간을 찾으면, 매일 필요한 조건을 발견해야 하는 운에 맡기는 것보다 그 활동을 지속하기가 훨씬 쉬울 것이다.

우리는 평소 정신 기도를 실천하는 사람들조차도 기도 생활을 꾸준히 이어 가는 데 있어 여러 가지 어려움이 발생한다는 점을 고려해야 한다.

양심의 순결함과 단순함의 부족

사람이 중대한 죄를 지으면(초자연적인 사랑을 잃으면) 양심의 가책을 느끼고 불안과 우울을 느낀다. 이때 원수는 그에게 하느님과의 만남에서 멀어지고자 하는 마음을 주고, 다시는 그분과 친구가 될 수 없다고 설득하려 한다. 그는 자신을 고칠 수 있는 유일한 분에게 나아가는 걸 수치심으로 여기고 거부한다.[100]

고의로 저지른 사소한 죄는 은혜를 앗아 가지 않지만, 자선과 헌신의 열정을 앗아 간다. 그는 자신과 어울리지 못하는 사람과의 만남을 꺼리게 되는데, 그 이유는 서로의 이해관계가 어긋나기 때문이다. 그런데 화해와 친밀함으로 그의 열의를 되돌려 주고 그의 영적 조화를 증가시킬 수 있는 분은 바로 예수님이시다.

또한 다른 사람보다 더 많이 기도한다는 이유로 자신이 우월하다고 믿는 교만함은 하느님에 대한 겸손과 경외심을 잃게 할 수 있다. 진리를 따라 사는 데 중요한 것은, 우리 스스로는 아무것도 아니며, 그분이 모든 것, 유일하신 주님이시며, 우리가 가진 모든 것과 존재하는 모든 것은 그분께 빚지고 있으며, 우리는 극도로 가난한 존재로서 모든 것에 그분이 필요하다는 것이다.

"지혜롭다는 자들과 슬기롭다는 자들에게는 이것을 감추시고 철부지들에게는 드러내 보이시니, 아버지께 감사드립니다."(마태 11,25)

바리사이와 같은 교만함은 우리가 자신의 죄악을 깨닫지 못하게 만들고, 하느님께 늘 빚진 존재라는 진실, 그리고 천국에 들어가는 데 필요한 영적인 어린이 감각을 잃게 한다(마태 18,3 참조). 우리에게 하느님이 필요 없다는 거짓 의식, 우리 스스로, 우리의 능력으로 모든 것을 이룰 수 있다는 거짓 의식이 조금씩 부과된다.[101] 그러면 기도는 왜곡되거나 최소한으로 줄어들거나 포기된다.

메마름과 산만함

건조함과 메마름

'건조함과 메마름', 영적인 것에 대한 감각의 부족, 황폐함은 항상 우리의 잘못이나 죄에서 비롯되는 건 아니다. 만일 우리에게 원인이 있는 게 사실이라면, 그 해결책은 하느님 앞에서 진심으로 자신을 낮추고 용서를 구하고, 하느님과 이웃에 대한 의무에서 회개하고, 그분을 더 사랑하고, 그분을 더 잘 섬기고, 무한한 하느님의 자비에 대한 확신을 키우는 것이다. 우리는 항상 즐겁지 않더라도 꼭 필요한 것을 놓쳐서는 안 된다.

그런데 우리 주님께서는 영혼을 사막의 길로 인도하여, 우리를 더욱 거룩하게 하실 수 있다. 왜냐하면 영혼은 기도할 때 하느님의 위로를 구하지 않고, 하느님을 구해야 한다는 사실에 익숙해져야 하기 때문이다.

하느님께서는 당신께서 알아서 우리에게 적당한 때와 방법으로 우리를 채워 주시는 분이시다. 우리는 기도가 사랑으로 하느님의 뜻과 점점 더 완벽하게 일치되는 것이 아니라, 우리 자신의 쾌락과 경건한 안식을 찾게 되는 것을 피해야 한다. 영적인 일에서 성장하는 길은 이기심을 갖는 것이 아니라, 자신의 사랑과 욕망, 관심에서 벗어나는 것이다(《영신 수련》 189항 참조).

반면 우리는 하느님께서 때때로 우리에게 주시는 위로와 특별한

열정이 우리의 공로가 아니라 그분의 무한한 자비의 무상 선물이라는 것을 인식할 필요가 있다. 헌신이 적고 길이 불모지가 될 때, 기도는 많은 것을 의미할 수 있으며, 선을 행하는 데 있어 더 큰 겸손과 인내, 끈기를 갖도록 우리를 인도할 수 있다(《영신 수련》 322-324항 참조).

산만함

'산만함'은 영혼이 메마르고 헌신이 부족할 때 찾아올 수 있다. 기도를 등한시하여 거기서 양분을 얻지 못하면서, 평소 관심사에 대한 환상이 그 공허함의 자리를 차지하기 때문이다. 그렇지만 그 황폐함에, 영혼은 침묵과 희망 속에서 어린 시절의 습관적인 소리 기도를 천천히 떠올림으로써, 혹은 인류 구원을 위해 그리스도의 수난에 자발적으로 연대함으로써, 하느님과의 접촉을 유지하는 법을 배워야 한다.

기도에 정통한 어떤 이는 일상적인 기도에서 두 가지 다른 유형의 방해 요소를 구별했다.[102] 첫 번째는 단순히 상상력의 변덕스러움에서 비롯되는 것으로, 영혼이 자신의 의지나 이해를 하느님을 향한 방향에서 분리하지 않은 채, 때때로 자신의 기억이나 상상력이 한 장소에서 다른 장소로, 한 주제에서 다른 주제로, 기억에서 아주 멀리 날아다니는 것을 발견하게 한다. 그런 산만한 생각들은 영혼의 의지를 통제할 힘이 없지만, 의지를 방해하고 교란한다. 상상력의 이런 종류의 산만함에 대하여 이 저자는 특히 초보자들에게, 그것에 중요성을 두지 말고 기도를 계속해야 한다고 말한다. 산만함을 무시하고, 그들의 영혼을 부드럽게 묵상 주제로 되돌려야 한다는 것이다.

그러나 나는 오히려 산만함에서 기도를 만들 수 있다고 말하고 싶다. 마치 지나가듯이 주님께 "당신만이 나에게 중요한데, 환상이 나를 어디로 데려가는지 보세요. 그리고 나는 당신에 대해 다루어야 합니다."라고 말하는 것이다. 이렇게 하면, 기도하는 사람을 기도에서 산만하게 하려고 애쓰는 적을 실망하게 만들 것이다. 적은 산만함조차도 그를 기도로 이끈다는 것을 알기 때문이다. 예수의 데레사 성녀는 "분심을 마치 미친놈인 양 무시하고, 그것을 그냥 맡겨 두십시오."라는 조언을 한다. 그리고 "우리는 인내심을 가지고 견뎌야 합니다."라고 덧붙인다.[103]

또 다른 유형의 산만함은 더욱 걱정스럽고, 반드시 그 원인을 마주해야 한다. 그것들은 정신과 마음 자체를 산만하게 만들기 때문이다. 이는 기도하는 사람의 무질서하고 과도한 선호나 두려움에서 비롯된다.

사람이나 사물이 이러한 선호나 두려움의 대상이라면, 지나치거나 산만해진 것에서 마음을 정화해야 하며, 그렇게 하면 이러한 장애물, 이러한 유형의 산만함이 사라질 것이다. 그동안 좋은 책을 찾아 읽으며 주의를 집중하는 것도 도움이 된다. 하지만 이것을 철저하게 해결해야 한다. 양심을 열고 영적 아버지의 도움을 통해 자기 부인否認, 초연함, 방해되는 선호와 반대되는 애정 등을 키우며, 그리고 무엇보다도 주 예수님께 기도함으로써, 그분께서 우리를 고쳐 주시도록 해야 한다.

유혹

기도하는 동안 신성모독적인 말을 하거나 불순한 감정을 느끼게 된다고 불평하는 사람들이 있다. 이는 아마도 가장 고통스러운 장애물일 것이다. 하지만 참으로 기도하는 사람에게는 그리 위험하지 않다. 이러한 유혹에 결코 흔들려서는 안 된다.

죄는 감정이 아니라 동의에 있다. 우리가 해야 할 일은 그들을 두려워하지 않고 멸시하는 것이다. 그렇게 하면 두려움 자체가 그 사람들을 자극하지 않을 것이다.[104] 개별적인 사례는 고해 사제와 상의해야 한다.

잠

잠은 필요에 의해 발생하는데, 그 해결책은 몸이 필요로 하는 만큼 충분히 자는 것이다. 그래야 몸이 우리가 해야 할 일, 즉 일이나 기도를 방해하지 않는다.

때로는 질병이나 불가피한 약함에서 졸음이 비롯된다. 사람은 자기 기도를 잃지 않기 위해 할 수 있는 일을 해야 한다. 그것은 우리의 삶과 활동에 기쁨을 가져다주는 데 필요하다. 사람이 해서는 안 될 일은 게으름이나 유혹에 굴복하는 것이다. 이러한 문제를 피하고자 원인을 살펴보고 자세를 바꿔야 할지(무릎 꿇기, 서기, 앉기, 다리를 꼬기, 서로 기대기 등) 살펴보고, 기도하는 가장 좋은 방법을 찾기 위해 주님께 빛을 구해야 한다.[105]

알고 싶은 욕망

어떤 사람들은 알고, 배우고, 공부하는 데 너무 관심이 많아서, 기도를 하느님과의 만남이라기보다는 과학적 또는 역사적 지식에 대한 유익하고 생산적인 독서로 여길 수 있다. 그들은 하느님의 말씀을 받아들이고, 하느님께서 요구하시는 것을 듣고 개인적으로 응답하는 것보다는 아는 것에 더 많은 관심을 둔다. 다시 말해, 울거나 느끼는 것보다 지식 축적에 더 많은 관심을 둔다. 또한 예수 그리스도와의 우정의 만남에서 자신을 변화시키는 것보다 역사를 더 많이 아는 데에 관심을 둔다. 그들은 이냐시오 성인의 말씀을 기억해야 한다.

"우리 영혼을 가득 채우고 만족시키는 것은 많은 것을 아는 데 있지 않고 어떤 것을 내적으로 느끼고 맛 들이는 데에 있다."[106]

끈기

기도의 더 높은 상태에서도 수동적인 정화에 놓여 있고, 메마름을 체험하며, 일상의 자연스러운 수련에서 자신의 능력을 발휘하는 데 필요한 도움이 부족할 수 있다. 이런 때에도 기도하는 사람은 위로도 즐거움도 없이, 인내심과 오랜 시간을 가지고 끈기 있게 기도의 실천을 고수해야 한다.

다가올 특별한 시련과 어려움 속에서 그는 어느 때보다 적절한 영적 지도자의 도움과 주님에 대한 신뢰가 필요할 것이다. 주님께서는 당신께 의지하는 사람들을 결코 실망하게 하지 않으신다.[107]

> 마음에 새기기

- 교만함은 우리가 죄악을 깨닫지 못하게 만들고, 하느님께 늘 빚진 존재라는 점과 천국에 들어가는 데 필요한 영적 감각을 잃게 한다.
- 우리는 하느님께서 때때로 우리에게 주시는 위로와 특별한 열정이 그분의 무한한 자비의 선물임을 인식해야 한다.
- 어떤 사람들은 기도를 하느님과의 만남이라고 생각하기보다 지식 축적에 더 많은 관심을 둔다. 따라서 "우리 영혼을 가득 채우고 만족시키는 것은 많은 것을 아는 데 있지 않고 어떤 것을 내적으로 느끼고 맛 들이는 데에 있다."라는 이냐시오 성인의 말씀을 기억해야 한다.

4부

기도의 열매

기도는 우리를 어떻게 바꿀까?

기도를 도와주는 습관

기도에 필요한 지침

처음부터 나는 기도에 들어가는 것은 한 인간 전체, 즉 영적인 인격이라고 밝혔다. 인간의 온 존재가 몸과 영혼이라는 점을 고려하는 것이 우리가 지금 다룰 보조 도구(이냐시오 성인은 '부칙Adicion'이라고 부름)의 기초가 된다. '부칙'은 보탠 것을 의미한다. 따라서 우리는 기도에 정식으로 사용되는 행위나 시간, 즉 하느님과의 독점적 만남에 대한 부칙을 다룰 것이다. 어떤 것은 기도 전에 실천하는 행동, 몸짓 또는 자세이고, 어떤 것은 기도 중에, 어떤 것은 기도가 끝난 후, 또는 일반적으로 낮 동안 실천하는 행동, 몸짓 또는 자세다.[108] 이러한 지침은 각 개인과 그들이 처한 상황에 가장 적합한 방법에 따라 사용된다.

이냐시오 성인의 가르침

우리는 이냐시오 성인의 가르침에 따라 "자신의 모든 원의와 자유"(《영신 수련》 5항)을 행사하는 사람은 기도를 통해 하느님을 찾기 위해 자신의 온 인격으로 들어가기를 원한다고 가정한다. 그러므로 다음 순서대로 도움을 얻을 수 있다.

1. 아침에, 잠자리에 들기 전에, 침대에서 정신 기도를 한다면 언제, 무엇을 위해 일어날 것인지 생각하고, 묵상하거나 숙고해야 할 주제를 간략히 떠올린다. 그리고 깨어났을 때, 다른 생각에 빠지지 말고, 기도에서 하느님과 무엇을 논의할지 기억하고, 기도 주제에 적합한 감정을 불러일으킬 부끄러움이나 양심의 가책, 거룩한 두려움이나 기쁨, 감탄이나 혐오감 등 어떤 이미지에 마음을 둔다.

예를 들면 죄에 대해 묵상할 때, 마치 자기에게 많은 은혜와 애정, 엄청난 혜택, 신뢰를 베풀었고 자기 인격을 존중해 준 상사나 아버지 앞에 나서야 하는 사람이 그렇게 대해 준 분을 화나게 하고 실망하게 한 일을 부끄럽게 느끼는 것과 같은 예를 설정한다. 또는 재판관 앞에서 포승에 결박되어 사형에 처할 사람처럼, 아니면 노예로서 골짜기에 묶여 그를 삼키려는 야수들에게 둘러싸인 상태, 또는 그가 묵상하려는 주제에 따라 들어가야 할 환경을 요약하는 다른 이미지를 상상한다(같은 책, 73-74항 참조). 그리스도의 생애에 대한 신비를 묵상할 때는, 그것이 일어나는 장소나 그 장면에서 자기 인격의 이미지, 또는 그 묵상에서 자기가 구하려는 것을 기억한다(같은 책, 130항 참조).

기도를 하루 중 한 시간 안에 드려야 한다면, 묵상이나 관상에 들어가기 전에 앉거나 걷는 등 자신에게 가장 적합한 방식으로 정신을 약간 쉬게 하고, 어디로 가고 있는지, 왜 가고 있는지 생각해 보는 것이 좋다(같은 책, 131항 참조).

기도하는 동안

2. 기도할 때가 되면, 기도할 장소에 이르러 기도할 자세를 취하기 전에 마음을 우리 주 하느님께로 향하여 들어 올리고 그분께서 어떻게 보시는지 생각하고 "공손히 고개를 숙이거나 절을 한다."(같은 책, 75항). 그런 다음, 이어지는 기도에서 취해야 할 자세를 취할 것이다.

이 조언은 모세가 불타고도 타지 않는 떨기나무에 다가가려고 했을 때 들은 다음과 같은 말씀과 관련이 있다.

"모세야, 모세야! …… 이리 가까이 오지 마라. 네가 서 있는 곳은 거룩한 땅이니, 네 발에서 신을 벗어라."(탈출 3,4-5)

3. 이냐시오 성인이 기도의 자세에 대해 항상 그랬듯이, 수단은 목적과 관련하여 선택되어야 한다. 즉 기도하는 사람이 하느님과의 만남을 위해 특정한 경우에 하는 요청과 관련하여 선택해야 하는 것이다. 무릎을 꿇는 것이 더 편하다면 그런 자세를 취하고, 땅에 엎드리는 것이 더 좋다면 그렇게 한다. 항상 내게 맞는 것을 찾으면 된다.

만약 어떤 자세를 바꾸고 싶은 마음이 없다면, 자신에게 맞는 한 자세를 유지한다. 그리고 나에게 바라는 것을 찾았다면, 마음이 충족될 때까지 조바심 내지 말고 그 자리에 머문다(《영신 수련》 76항 참조). 앞에서 말했듯이, 우리 영혼을 가득 채우고 만족시키는 것은 "많은 것을 아는 데 있지 않고 어떤 것을 내적으로 느끼고 맛 들이는 데에" 있다(같은 책, 2항).

몸은 하느님을 영광스럽게 하며, 영혼과 세례받은 사람의 영혼에 주입된 성령의 법에 이끌려 그의 모든 활동이 그리스도를 닮게 된다. 몸은 영신 수련을 돕고 영혼의 감정과 태도를 드러낸다. 슬픔을 표현하는 자세는 기쁨을 표현하는 자세와 다르며, 요청하고 간청하는 자세는 선물을 마음속으로 즐기는 자세와 다르며, 이완을 촉진하는 자세는 노력을 돕는 자세와 다르며, 집중하는 자세와 다르다. 내적 묵상은 스포츠를 하는 것과 같지 않다. 어떤 활동에는 도움이 되지 않는 자세도 있고, 대화 상대에게 마땅한 존경심을 보이지 못하는 자세도 있다.

또한 인간의 정신이 하느님과의 만남에 집중하고, 향주삼덕인 믿음, 희망, 사랑을 실천하려면 당연히 그리스도교 기도가 필요한데, 그것에 도움이 되지 않는 신체적 자세도 있다. 그리고 동양과 서양에서 사용되는 다른 것들은 경험을 통해 그들이 신체를 평온하게 만들고 걱정이나 특별한 긴장 없이 놓아두어 사람이 신神을 대하는 신학적 활동에 집중할 수 있도록 가르쳐 준다.[109]

4. 기도하는 동안에는 사용하는 방법에 따라, 앞에서 제시한 지침을 따르고, 특별한 편의 없이는 자세를 바꾸지 않는 것이 좋다.[110]

기도 후

5. 기도가 끝나면, 앉아 있든 걸어가든, 나에게 일어난 일들을 돌아보는 것이 매우 도움이 된다. 모든 일이 잘 되었다면, 주님께서 내가 구한 은총이나 내게 주고 싶어 하신 다른 은총을 어떤 방식으로든 어느 정도 허락해 주셨기 때문에, 하느님의 선물에 감사드려야 한다.

앞으로 내 삶에서 기억해야 할 내용을 적어 보고, 앞으로 기도할 때 어떻게 처신해야 하는지에 대한 교훈을 얻음으로써 감사하는 마음을 표현하는 것이 적절하다. 만약 나에게 일어난 일이 잘못되었다면, 그 원인이 무엇인지 인식하고, 나아가는 방식을 바꾸고, 나

때문에 잘못된 일을 회개하고, 지금부터라도 고치도록 해야 한다 (《영신 수련》 77항 참조).[111]

6. 낮 동안 기도하는 사람은 어느 방향으로도 시선을 돌리지 않고 집중을 유지하려고 노력한다. 그는 내면의 삶을 살고 할 일을 하거나 좋은 것에 대해 생각한다. 그리고 주의를 돌리거나 휴식이 필요할 때는 스포츠나 신체 단련을 하러 가거나, 적절한 경관을 구경하거나 편한 장소로 가는데, 항상 자신이 무엇에 주의를 집중하거나 응시해야 할지, 무엇에 응시해서는 안 될지 인식한다.

7. 또한 현재 자신이 처한 전례 시기나 수련 주간을 구별해서 고려하는 것도 중요하다. 사순 시기냐 부활 시기냐에 따라, 더 어둡거나 더 밝고, 더 슬픈 생각 혹은 더 행복한 생각이 든다. 이냐시오 성인이 《영신 수련》에서 조언한 것과 비슷한 방식으로 말이다. "기도하고 독서하고 식사할 때가 아니면 침실에 있을 때는 문과 창을 닫으십시오."[112]

수련자는 스스로 그리스도와 함께 영광스럽게 기뻐하려고 할 때, 영광과 같은 즐거운 것들을 떠올리고 생각해야 한다. 그것이 기쁨과 영적 행복을 주기 때문이다.[113]

금욕적인 삶

8. 또 다른 도움은 적절한 시기에 영적 지도자의 허락을 받아 육체적 고행을 하는 것이다. 이냐시오 성인은 교회의 전통적인 고행을 음식 조절, 수면 조절, 몸의 희생이라는 세 가지로 요약했다. 성인은 세 가지 모두에서 회개하는 사람에게 질병을 일으키지 않는 방식으로 이루어져야 한다고 주의 깊게 경고한다. 문제는 "주체를 타락시키는" 게 아니라[114], 감각이 이성에 복종하도록 하는 것이요, 존재 전체가 하느님께 복종해야 함을 보여 주는 것이며, 죄를 보상하기 위해 그리스도와 연합하는 것이다. 이것은 바오로 사도의 모범을 따라 몸을 복종시키는 것이다. 그래야 다른 사람에게 복음을 전파한 뒤에도 자신이 실격자가 되지 않을 것이다(1코린 9,27 참조).

또는 "여러분의 몸을 하느님 마음에 드는 거룩한 산 제물로 바치십시오."(로마 12,1)라고 로마 신자들에게 권고한 것처럼, 세상의 계획에 따라 삶을 살아가지 말고 '새 사람'의 사고방식에 따라 살아가도록 한다. 그리고 우리는 성경에서 보는 바와 같이, 우리가 구하는 은총에 대한 기도가 하느님께 들릴 수 있도록 행동해야 한다(다니 10,12 참조). 이냐시오 성인이 말했듯이 "그 사람이 원하고 바라는 은총이나 선물을 찾고, 또한 자신의 죄에 대해 내적으로 통회하거나, 그 죄에 대해, 또는 우리 주 그리스도께서 수난 중에 겪으신 고통과 슬픔에 대해, 또는 그 사람이 처한 의심을 해결하기를 원한다면"[115]

말이다.

성인은 이 점에 대해 경고한다. 어떤 사람은 더 많은 회개를 해야 하고, 어떤 사람은 덜해야 한다. 그리고 각자에게 맞는 것을 찾을 수 있는 절차를 제공한다. 즉, 바꿔 가면서 2~3일 동안 고행을 하고, 그다음 2~3일은 하지 않는 것이다. 많은 경우에 사람은 심각한 질병 없이는 건강이 견뎌 낼 수 없을 것이라는 잘못된 판단으로 인해 참회를 멈추고 고행을 하지 못한다.

그러나 이러한 판단을 뒷받침하는 것은 단순히 감각적 사랑이다. 때로는 반대로 몸이 견딜 수 있다고 생각하고 너무 많이 고행하기도 한다. 그는 건강한 의도로 수행되는 이러한 변화를 통해, 우리 자신보다 우리의 본성을 더 잘 아시는 주님께서 각 사람이 자신에게 좋은 것이 무엇인지 느끼게 해 주시기를 바란다.[116]

마음에 새기기

- 묵상이나 관상에 들어가기 전에 앉거나 걷는 등 자신에게 가장 적합한 방식으로 쉬면서, 내가 어디로 가며, 왜 가고 있는지 생각해 보는 것이 좋다.
- 기도할 때가 되면, 기도할 장소에 이르러 기도할 자세를 취하기 전에 마음을 하느님께로 들어 올리고 그분께서 어떻게 보시는지 생각해 본다.
- 기도가 끝나면, 나에게 일어난 일을 돌아보아야 한다. 모든 것이 잘 되었다면, 주님께서 내게 허락하신 은총에 감사해야 한다.

기도가 사랑으로 향할 때

비난

우리는 종종 많이 기도하는 독실한 사람들에 대한 비난을 듣는다. 대체로 '그들은 많이 기도하고, 미사에 가는데, 다른 사람들을 나쁘게 대한다.'라는 내용이다.

이런 비난은 주로 자신의 헌신과 종교적 요구에 관한 관심이 부족한 것을 변명하고 싶어 하는 사람들에게서 나오는 것이 사실이기도 하다. 그러나 그런 비난은 자주 기도하거나 미사에 참석하는 당사자가 자신에게 가해야 한다. 다른 사람을 나쁘게 대하는 것은 오히려 자기 기도가 좋은 그리스도교 기도가 아니라는 표시이고, 자신의 경건함이나 미사 참석은 오히려 자신을 만족시키는 데에 너무 많이 치중된 휴식일 뿐이며, 예수 그리스도와 친밀한 관계를 맺어 그분을 더 사랑하고 더 잘 따르고, 하느님과 참되게 일치할 기회가 못 되고 있다는 방증이다.

사실 기도는 누군가가 다른 사람을 나쁘게 대하는 이유가 아니다. 만약 그가 기도하지 않았다면, 그는 아마도 이웃을 훨씬 더 심하게 대했을 것이다. 그러나 기도할 때 하느님을 찾는 게 아니라 자신의 안식, 즉 문제에서 벗어나 가정이나 다른 사람의 필요에 대한 주의 결핍을 감추기 위한 도피로 삼는다면, 그의 기도는 진정한 그리스도교 기도가 아니다.

만약 누군가가 자신과 다른 사람을 위해 그리스도의 희생 제사에 참여하고 그분 구원의 열매를 받기 위해 가는 것이 아니라, 그저 습관 때문에 미사에 많이 참여하고, 가정의 의무나 직장의 책임과 다른 사람과의 관계를 소홀히 한 것을 변명하기 위해 경건한 행동으로 의식을 거행한다면, 그는 거룩한 미사에 참되게 참여하는 것이 무엇인지 알지 못하거나, 인생을 잘 살지 못하는 것이다.

기도의 열매

그리스도교 기도는 세상의 가난한 사람들을 향한 하느님의 사랑(요한 3,16 참조)과 모든 사람을 영원한 행복으로 인도하고자 하는 열망의 증거가 되기 위해 오신 그리스도의 기도를 점점 더 닮아야 한다. 그리스도는 하느님 아버지로부터 "가난한 이들에게 기쁜 소식을 전하고 잡혀간 이들에게 해방을 선포하며 눈먼 이들을 다시 보게 하고 억압받는 이들을 해방시켜 내보내며 주님의 은혜로운 해를 선포하게"(루카 4,18-19) 파견되셨다.

그분께서 우리에게 가르쳐 주신 기도는 첫 단어부터 모든 사람을 형제로 여기고 마음을 여는 것으로 시작해서, 하느님을 "우리 아버지"라고 부르며, 기도하는 사람이 바라는 모든 은총을 계속 구하는 것으로 시작한다. "아버지의 나라가 오시며", "오늘 저희에게 일용할 양식을 주시며", "저희 죄를 용서하시고", "저희를 유혹에 빠지지 않게 하시고", "저희를 악에서 구하소서." 이 기도는 "우리", "저희"를 반복한다. '나', '나의', '내 것'이 아니다.

그리스도교 기도의 목적은 우리 자신을 하느님의 뜻과 일치시키고, 우리 자신을 그분으로 변화시키는 것이다. 하느님께서는 사랑이며, 세상이 있기 전부터 우리를 사랑하셨고 사랑을 통해 우리를 거룩한 사람으로 정하셨다(에페 1,4 참조). 그리고 가장 가난하고 가장 도움이 필요한 사람들을 향한 자비가 넘치는 그분의 신성神聖하고 보편적인 사랑에 참여하게 하셨다.

이러한 이유로 제대로 행해지고, 잘 묵상되고, 깊이 느껴지는 그리스도교 기도는 사고방식과 삶의 변화, 관습의 전환, 사도적 열정과 사랑의 실천으로 이어진다. 사랑은 모든 미덕의 종합이다. 오래 참으며, 친절하고, 자랑하지 아니하며, 교만하지 아니하며, 자기의 이익을 구하지 아니하며, 쉽게 성내지 아니하며, 앙심을 품지 아니

하며, 불의를 기뻐하지 아니하며, 오직 진리와 함께 즐거워하며, 모든 것을 덮어 주며, 모든 것을 믿고 바라고 견디어 낸다(1코린 13,4-7 참조).

성인들의 증언

이냐시오 성인

기도와 성찬례에서 로욜라의 이냐시오 성인은 창조주이자 주님에 대한 사랑으로 불타오르는 자신의 엄청난 보편적 열정에 대한 빛과 힘을 찾았다. 그래서 그는 사람들이 친교에 참여하도록 인도되기를 바랐으며, 그런 경험을 통해 이 영적 양식이 어떻게 "당신을 지탱하고, 고요하게 하고, 쉬게 하며, 당신을 보존함으로써 당신의 더 큰 봉사, 찬양, 영광을 증가시키는지"[117] 알게 되기를 바랐다. 그러므로 영적인 진보에 관한 그의 전형적인 생각을 다음과 같이 피력한다.

"각자는 자기 사랑과 자기 욕망과 이권에서 벗어날수록 모든 영적인 일에서 더 진보한다는 것을 생각하라."《영신 수련》 189항

프란시스코 보르하 성인

같은 영성으로 프란시스코 보르하 성인은 "인간적인 수단들에

의존하는 것보다는 도구를 하느님과 결합하여 당신의 손으로 통솔하시도록 맡겨드리는 수단들이 훨씬 더 효과적이다."(회헌 813항)라고 한 이냐시오 성인의 회헌에 대해 해설한다. 예수회 총장인 그는 이렇게 말했다.

"우리가 자세히 살펴보면, 도구를 하느님과 결합하고 자애로 그분의 성령과 일치하도록 하는 이러한 수단을 쓰지 않는다면, 분열과 분열의 작용이 생겨납니다. 땅이 마르면 나무의 꽃이 시들고 열매도 시드는 것과 마찬가지로 우리의 영혼이 기도와 영적 수행에서 마르면 영적 꽃과 영적 열매도 시듭니다. 우리가 기도에서 우리 자신의 의식意識과 인간의 비열함을 자주 다루지 않는다면, 이기적 자애심과 타인 멸시가 나옵니다."[118]

알칸타라의 베드로 성인

알칸타라의 베드로 성인은 기도에 헌신하는 사람들에게 다음과 같은 경고를 했다.

"하느님의 이 길에서 얼마나 많은 혜택을 받았는지 보고 싶은 사람은 매일 내면과 외면의 겸손이 얼마나 성장하는지 살펴봐야 합니다. 어떻게 다른 사람들의 불의를 어떻게 견딜 수 있는가? 다른 사람들의 약점을 용서할 줄 아는가? 어떻게 이웃의 필요를 돌보는가? 어떻게 다른 사람들의 결점에 대해 연민을 느끼고 분노하지 않는가? 어떻게 환난의 때에 하느님께 희망을 두는 법을 아는가? 어떻게 자신의 혀를 다스릴 수 있는가? 어떻게 자신의 마음을 지킬 수 있는가? 어떻게 모든 욕망과 감각으로 육체를 길들일 수 있는가? 어떻게 번영과 역경 속에서 자신을 지켜 나갈 수 있는가? 모든 일에 진지함과 분별력으로 대비하는가? 그리고 이 모든 것 위에, 명예와 선물과 세상에 대한 애착이 죽었는지 헤아려 보고, 이것이 무엇을 얻게 했는지 또는 무엇을 잃게 했는지에 따라 판단해야지, 하느님에 대해 무엇을 느끼느냐 느끼지 못하느냐에 따라 판단해서는 안 됩니다."[119]

예수의 데레사 성녀

위대한 교회 학자인 데레사 성녀는 《영혼의 성》 다섯째 궁실에서 이렇게 알려 준다.

"여기서 주님께서 우리에게 요구하시는 일은 단 두 가지, 하느님께 대한 사랑과 이웃에 대한 사랑입니다. 우리가 이 두 가지를 잘 지키는지 정확하게 아는 표적은 이웃 사랑을 잘 실천하고 있는가 하는 것입니다. 왜냐하면 하느님을 사랑한다는 일은 비록 그 표적이 뚜렷하다 하더라도 정확하게 그것을 알아낼 도리가 없습니다. 이와 달리 이웃 사랑만은 잘 알 수 있습니다. 여러분은 이웃 사랑을 뜨겁게 하면 할수록, 그만큼 하느님 사랑을 한다고 확신하십시오. 우리에 대한 하느님의 사랑은 너무나도 커서, 그분은 우리가 이웃을 사랑하는 값으로 당신께 대한 우리의 사랑을 갖가지 방법으로 키워 주실 것입니다. 나는 이 사실을 절대 의심하지 않습니다."[120]

그리고 가장 높은 일곱째 궁실에서 기도를 통해 하느님과 친밀하게 결합한 데서 엘리야, 프란치스코, 도미니코 성인의 사도적 열정이 나왔다고 확언하며 이렇게 덧붙였다.

"자매들, 우리가 이같이 된다면 얼마나 좋겠습니까? 즐기기 위해서가 아니라 오직 섬길 힘을 얻기 위해 기도 중에 이 뜻을 두고 열심히 빕시다."[121]

기도와 이웃 사랑

요한의 첫째 서간에 나타난 가르침이다.

"누가 '나는 하느님을 사랑한다.' 하면서 자기 형제를 미워하면, 그는 거짓말쟁이입니다."(1요한 4,20)

그리고 조금 더 나아가서 다음과 같이 언급한다.

"우리가 하느님을 사랑하고 그분의 계명을 실천하면, 그로써 우리가 하느님의 자녀들을 사랑한다는 것을 알게 됩니다."(1요한 5,2)

나는 그리스도교 사랑의 유일한 계명의 이중 목적, 즉 하느님을 사랑하는 것과 하느님을 향한 이웃 사랑의 실천에 상호 영향이 있다고 말하고 싶다.

> 마음에 새기기

- 다른 사람을 나쁘게 대하는 것은 자기 기도가 좋은 기도가 아니라는 표시로, 하느님과 참되게 일치하지 못한다는 방증이다.
- 그리스도인의 기도 목적은 우리 자신을 하느님의 뜻과 일치시키고, 우리 자신을 그분으로 변화시키는 것이다.
- 사랑은 모든 미덕의 종합이다. 사랑은 오래 참으며, 친절하고, 자랑하지 아니하며, 교만하지 아니하며, 자기의 이익을 구하지 아니하며, 쉽게 성내지 아니한다. 또한 앙심을 품지 아니하며, 불의를 기뻐하지 아니하며, 오직 진리와 함께 즐거워하며, 모든 것을 덮어 주며, 모든 것을 믿고 바라고 견뎌 낸다는 점을 기억해야 한다.

로욜라의 이냐시오 성인에게 배우는 기도*

기도의 정의

이냐시오 성인은 기도가 무엇인지 정의하기에 앞서 먼저 그리스도의 모범에 주목한다. 그리스도께서는 때때로 밤새 기도하시기도 하셨지만, 다른 때에는 저녁 기도나 정원에서 보낸 세 시간처럼 그렇게 오랜 시간을 보내지 않으셨다.

그리스도께서는 한두 시간을 기도하셨더라도 그것을 기도라고 부르셨으며, 그분 삶의 많은 예를 기도에 포함할 수 있다. 이것이 성인들이 이해하고 실천한 방식이며, 교부들이 칭찬한 짧은 기도와

---

* 이 장에서 소개하는 이야기는 예수회의 영적 훈련과 깊은 연관이 있다. 일반 독자들은 이 부분을 예수회의 기도 전통의 힌 가지 사례로 가볍게 읽어 보기를 권한다. 역자 주

한 시간에도 미치지 못하는 성무일도도 훌륭한 기도다. 혹시 예수회의 어떤 이들이 한두 시간의 기도는 기도가 아니라고 하면서, 정신 기도 시간을 늘려 달라고 요청하는 것이 사실이라면, 그들은 주님과 성인들과 교부들의 기도에 대한 인식을 다 부인하는 꼴이다.

주님께서 말씀과 실천으로 우리에게 권고하신 소리 기도인 '주님의 기도' 역시 기도다. 하느님께 우리에게 좋은 것이 무엇인지 구하고 '경건하고 겸손한 애정으로 마음을 하느님께 높이는 것'이 한 시간 또는 반 시간도 걸리지 않는다고 해서 기도라는 이름을 못 붙여서는 안 된다.[122] 그것은 교회가 기도라고 지칭하는 정의定意에 부합한다.[123]

이냐시오 성인은 자신의 주장을 강화하기 위해 이렇게 덧붙여 말한다.

"우리는 하느님께서 기도할 때 사람만 사용하시는 것이 아니라는 점을 고려하는 것이 좋을 것입니다. 만약 그렇다면 24시간 미만의 기도는 짧을 것입니다. 왜냐하면 인간은 전적으로 하느님께 바쳐야 하기 때문입니다. 그러나 인간은 때때로 기도보다 다른 것들을 더 많이 이용하며, 그런 것들을 통해 기도를 줄일 뿐 아니라 기도를 쉬는 시간을 갖기도 합니다."

그리고 다음과 같은 결론에 도달한다.

"그러므로 '항상 기도하고 낙심하지 말아야 한다.'라는 것을 오히려 성인과 학자들이 이해하는 것과 같이 이해해야 합니다."[124]

금욕적인 기도

이냐시오 성인은 정신 기도가 영적 전투에서 승리하는 수단 중 하나라고 가르치며, 프란시스코 보르하 성인이 아직 자신의 공국과 가족을 거느릴 의무가 있었을 때에, 기도를 줄이라고 조언했다. 그가 지침으로 삼은 규칙은 이러했다.

"우리의 생각이 우리 자신이나 우리의 적대자로부터 깨어나서 무례하고 허영적이거나 불법적인 것들을 생각하고 이해하게 될수록, 우리는 일반적으로 주제와 생각이나 유혹의 다양성에 따라 그것들을 극복하기 위해 내적, 외적 수행에서 더욱 성장해야 할 것입니다."[125]

그 대신에 그는 "반대로, 더 많은 선한 생각과 거룩한 영감이 들어오도록 우리는 영혼의 문을 사방으로 열어 두고 충분한 공간을 제공해야 합니다."라고 조언한다. 승리하는 데 더 이상 많은 무기가 필요하지 않기 때문이다.

이냐시오 성인은 이미 보르하 성인이 수도 생활이라는 두 번째 인생의 가능성에 열려 있다고 판단했기에, 그러한 현세적 수행에 할애하는 시간을 절반으로 줄여서 나중에 필요하게 될 공부와 병행하고 자기의 공국 통치를 하면서도 영성 대화 시간을 할애하라고 조언했다. 그럼으로써 항상 그의 영혼을 평화롭게 유지하고, 하느님께서 그의 영혼 속에서 '하시고자' 하는 모든 일에 대비하려고 노력하라고 했다.

또 다른 귀족의 경우로, 황제의 측근 중 한 명인 안토니오 엔리케스Antonio Enríquez는 하느님에게로 나아가고자 하는 열망을 가진 사람으로 알려졌는데, 그는 새로움을 자극하는 수단들의 도움 없이는 온갖 불완전함에 쉽사리 굴복하게 된다는 것을 황제에게 상기시켰다. 그래서 그는 황제에게 "성사에 자주 참례하기, 신심 서적 읽기, 할 수 있는 한 매일 정해진 시간에 잊지 않고 기도하기, 그럼으로써 영혼의 양식이 부족해지지 않게 하기"[126]를 우정어린 말로 권고하였다.

양성 과정 중

이냐시오 성인은 수련자들에게는 첫 번째 경험으로 한 달 동안 수련을 정하고, 그들이 기도를 가르치는 대로 소리내서도 하고, 정신적으로도 하도록 연습시켰다(《영신 수련》 65항 참조).

그리고 이러한 경험은 수련자들이 예수회의 목적에 적합한지 성소를 식별하는 신호가 된다(《영신 수련》 73항 참조). 그들은 미사, 고백, 성찬에 유익하게 참여하도록 가르치는 것 외에도 각자의 능력에 따라 기도, 묵상, 성찰, 영적 독서를 배우고 필요한 모든 시간을 영적인 일에 바쳐야 한다. 이러한 헌신은 "하느님께서 베푸시는 은총에 따라"(회헌 277항) 추구해야 한다.

이냐시오 성인은 수련 기간에는 고행과 긴 기도, 묵상을 하기에 적절하지 않다고 생각했다. 하지만 그는 수련자들이 공부에 너무 열중하여 미덕과 종교 생활에 대한 사랑이 미지근해지지 않도록 주의를 기울이기를 원한다. 그들은 하루에 한 시간 기도해야 하는데, 여기에는 양심 성찰이 두 번 포함된다. 그들은 매일 미사에 참여하고, 8일마다 고해성사를 하고 영성체를 하며 모든 일에서 하느님의 현존을 구한다.

성인은 '모든 것에서 우리 주 하느님을 찾는' 이런 명상 방식이 더 추상적인 것에 도달하려고 노력하는 것보다 쉽고, 이런 수행을 통해 그런 추상적인 것들을 없애면, 주님의 위대한 방문을 가져올 것이라고 가정한다.[127] 그는 또한 그들이 주님을 사랑하고, 그 주님께서 목숨까지 바쳐 사랑하신 이웃을 돕기 위해 노력해야 하므로, 그들의 공부한 내용을 종종 하느님께 바치는 연습을 해야 한다고 조언한다.[128]

기도는 하루 종일 여러 경우에 명확하게 자리 잡도록 의도되어 있다. 식사 전과 후에 축복과 감사를 드리면서 "모두 적절한 신심과 존경심을 가지고 바쳐야" 한다(회헌 251항). 수업 전에는 짧은 기도문을 낭송해야 하며 "이때 교수와 학생들은 모자를 벗고 경청해야" 한다(회헌 486항). 비록 자신의 건강이나 일을 위해 장상에게 무언가 말할 필요가 있다고 필요하다고 믿기 전에도 일단 기도는 해야 한다(회헌 292항 참조).

양성된 사람들

이냐시오 성인은 기도, 공부, 금욕에 관한 문제에서, 그들에게 다른 규칙을 주는 것이 적절하지 않다고 생각한다. 그는 그들이 이미 영적인 사람들이고, 교육을 통해 큰 시련을 겪었으며, 우리 주 그리스도의 모범을 따를 의지와 능력이 있다고 가정하기 때문이다. 신중한 사랑으로 규정하는 것 외에, 각자 알아서 고해 사제의 조언을 따르고, 의심스러운 점이 있으면 장상에게 알리면서, 자신의 자유의지에 따라 육체적 또는 다른 고행을 한다(회헌 582-583항 참조). 시간이나 방식에 제한을 두지 않는다. 성인은 그들이 기도에 능숙하고 영성 생활에도 능숙하다고 가정하기 때문이다.

나달Nadal은 이 구절에 대한 해설에서, 그들이 이미 자기들 성소의 은총을 소화하고 하느님과 일치되었기 때문에, 이미 하느님의 가르침을 받은 자들인 '테오디닥토이theodídaktoi'가 될 것이며, 겸손과 순종으로 하느님의 인도를 받을 것이라고 생각한다.[129]

예수회 설립자인 이냐시오 성인이 원하는 것은 과잉과 결함을 피하는 것이다. 사도직 활동에 필요한 체력을 약화하거나, 본회의 사도적 소명에 따라 다른 사람을 돕는 데 바쳐야 할 시간을 지나치게 사용할 때, 과도한 소모로 간주한다. 반대로, 영적 삶에 필요한 활동에 너무 적은 것을 바침으로써 정신적 열정이 식고 결과적으로 당사자의 인간적이고 무질서한 열정이 커지게 된다면 그것은 결함이다(회헌 582항 참조).

이냐시오 성인은 해당 선언에서 장상에게, 회원의 재량에 맡기지 말고, 때에 따라 적절하다면 결정된 시간을 회원 당사자에게 알려 주어서 과도하거나 부족하지 않도록 하는 것이 좋다고 조언한다. 주님께서 주신 명령을 이해할 때, 회원은 그것들이 적절하다는 것을 알게 될 것이고, 당사자인 "회원은 자신에게 주어진 것을 온전한 신심으로 받아들여야"[130] 한다.

이는 이냐시오 성인이 우리에게 하느님께서 각 개인에게 전달하시는 수단을 통해 가장 거룩한 선물과 영적 은총을 추구하라고 조언하는 이유를 설명하는 것이다. 우리가 이 세상에서 인도받고, 이 가장 거룩한 은사를 받아들이고, 그 은총과 연합하여 또 다른 삶을 향해 나아가기 위한 것이다. 그리고 그는 가장 거룩한 선물이란 우리가 원할 때 가져올 수는 없는 것이지만, 좋은 모든 것을 주시고, 주실 수 있는 분께서 순수하게 주시는 것이라고 말한다. 성인은 그 안에 믿음, 희망, 강렬한 사랑, 기쁨, 영적 안식, 눈물, 위로, 마음을 들어 높임, 깨달음, 움직임, 감정을 모두 포함했는데, 이 모든 것은 우리의 거룩한 어머니 교회에 대한 겸손과 경의로 요약 정리된다.

이로써 그는 인간이 자기 즐거움과 쾌락을 위해 그것들을 찾는 것이 아니라, 그것들 없이는 우리의 모든 생각과 말과 일이 흐릿하고 차갑고 불안하고 어두워지고 그것들과 함께라면 열렬할 것이기 때문에 그것들을 찾고자 한다는 것을 분명히 한다. 그것은 명백하고, 올바르고, 질서 정연하다. 지극히 위대하고 거룩한 예배를 위한 것이다. 이런 이유로 그는 우리가 그러한 영적 은사와 은혜를 원하되, 그것들이 우리를 더욱 하느님의 영광으로 이끌 수 있는 범위 내에서만 원하라고 조언한다.[131]

통치에서

1. 중재

이냐시오 성인은 중재를 다루며 그 대상을 본회의 총장부터 시작한다. 그 직책에 선택된 사람은 우리 주 하느님과 긴밀히 일치된 채, 그분의 모든 활동에 친숙하여, 자신의 중개로 본회 전체에 필요한 은사와 은총을 지원할 수 있기를 원한다. 그리고 그 사람은 발생하는 모든 필요에 관해서 기도와 거룩한 미사의 일상적인 방법들의 효능에 큰 중요성을 두고, '우리 주님께 많은 것을' 의탁한다.[132]

이냐시오 성인이 총장에 관해 말한 내용은 관구장과 공동체 장상에도 해당한다(회헌 811항 참조). 그리고 보좌관에 대해서는 "각자 특별히 기도하고 미사 중에 자기 담당 지역을 더욱 기억할 것"(회헌 803항)이라고 알려 준다. 연학원장들과 주님의 수확을 위해 일하는 모든 일꾼은 교회 전체를 위해, 특히 교회의 공동선을 위해 가장 중요한 사람들과 살아 있거나 세상을 떠난 친구들과 은인들을 위해, 그리고 교회의 직무와 교회에 맡겨진 영혼들을 위해 기도한다.[133]

그는 모든 회원에 대해서는 모두가 본회와 본회의 사도적 열매를 위해, 총회가 열릴 때는 총회를 위해, 임종하는 이들과 세상을 떠난 이들 등을 위해 기도하기를 바란다. 그리고 특정 상황에서 공의회를 위해,[134] 가장 도움이 필요한 나라들을 위해 기도하기를 바란다. 그리고 일반적으로 "기도와 모든 겸손과 덕의 모범으로 외부에서 온 사람들을 도와주기"를 바란다.[135]

2. 식별

소임과 본회의 기본 구조는 단순히 인간의 취향이나 선택에 좌지우지되지 않는다. 이냐시오 성인은 그의 회헌에서 장상들에게 소임을 선택할 때 사용해야 할 식별의 규범들 즉 소임의 목적과 소임이 지속되어야 하는 시간, 그리고 각 소임에 가장 적합한 사람을 제시하는 데 관심을 두었다.

무엇보다도 항상 우리 주님이신 하느님 앞에서 매우 정직하고 순수한 의도로, 지극히 거룩하신 그분께 봉사하고 보편적인 선을 위해 일해야 한다. 그리고 만약 그 소임에서 중요한 일이나 발생할 수 있는 장애물로 인해 어려움이 초래된다면, 그것을 우리 주 하느님께 의탁하면서, 수도원의 기도와 미사에 맡겨야 한다.[136]

그리고 발령받은 자가 자기 소임을 수행하는 시간이나 방식에 관한 제한을 받지 않을 때, 그는 "자기 의지에 초연한 상태에서 기도를 한 뒤", "여러 정황을 살펴보고", "하느님의 영광을 위하여 보다 유익하다고 판단되는 대로" 결정할 것이다(회헌 633항).

입회 후보자를 받아들이는 사람에게도 필요한 규범들이 있다. 그러나 그들에게 그 이상으로 요구되는 것은, 모든 애착에서 벗어나야 하고, 올바르게 행동하겠다는 열의를 가지고, 후보자들을 받기를 원하는 데 있어서, "입회허가권자는 사람들을 받아들이려는 열망을 매우 자제해야 한다. 그러므로 실수하기 쉬운 계기가 있을 때는 모든 열정으로부터 더욱더 자유로워지기 위하여 그러한 위험이 다소라도 염려되는 자는 심사 직무를 수행하지 않는" 중용을 지켜야 한다(회헌 143항).

그리고 누군가를 퇴회시켜야 하는 경우, 이냐시오 성인은 "이에 대한 책임이 있는 이들의 분별 있는 열성"을 언급한다. 그들이 어려움과 의심을 많이 가질수록, "이 문제를 주님께 더 맡겨드려야 하고, 주님의 뜻을 파악하는 데 도움이 될 만한 이들과 더 많이 상의해야 할 것이다."(회헌 211항)라고 조언한다.

퇴회의 방식에 관해서는, 퇴회를 시키는 소임을 맡은 사람에게 "우리 주 하느님께서 당면 문제에 관한 당신의 뜻을 알려주시도록 기도하며, 당사자의 신원을 밝히지 않은 채, 이러한 지향으로 기도할 것을 공동체에 지시한다."(회헌 220항)라고 명한다.

그리고 이미 위에서 언급한 바와 같이, "음식이나 의복, 주거지나 직무 혹은 활동이나 다른 것이 건강에 해롭거나 건강상의 이유로 어떤 것이 필요할 때는 장상이나 장상이 지정한 이에게 알려야 한다. 알리기 전에 마음을 가라앉히고 기도한다. 기도한 뒤에 책임자에게 알려야 할 사항이라 느끼면 알리도록" 한다(회헌 292항).

이냐시오 성인이 《영신 수련》에서 가르치는 대로, 사람은 무질서한 애착에서 벗어나야 하는데, 어떤 것에 무관심해지지 않다면, '기도와 다른 영적 수련에서 마음을 추스르고, 우리 주 하느님께 그 애착하는 것의 반대 감정을 구함으로써 거기서 영향을 받아야 한다. 그래서 어떤 것을 얻고자 하는 욕망의 원인이 오직 그분의 신성한 엄위에 대한 봉사, 명예, 영광이어야' 한다.[137]

관상기도

하느님과 도구의 일치

이냐시오 성인은 관상기도를 경시하지 않는다. 성인의 자서전과 영적 일기에서 볼 수 있듯이, 그는 관상기도를 풍부하게 체험했고 많은 열매를 맺었다. 그는 사도직을 맡은 사람을 하느님의 손에 있는 도구로 생각하여, 그 사람의 사도적 활동은 그가 우리 주 하느님과 더욱 일치되고, 그와 함께 하시고자 하는 하느님의 뜻에 더욱 호응할수록 더욱 효과적일 것이라고 여긴다. 따라서 그의 가르침은 이러하다.

"그러므로 모든 예수회원은 굳세고 온전한 덕행과 영적인 일에 힘쓰고 학식이나 그 외의 본성적이고 인간적인 자질보다 이것들을 더 소중히 여겨야 한다."(회헌 813항)

그리고 기도의 수련에 관한 언급으로 그는 부칙에서 다음과 같이 조언한다.

"부칙 4: 관상에 들어갈 때는 무릎을 꿇든지, 땅에 엎드리든지, 반듯이 눕든지, 앉든지 서든지, 항상 내가 원하는 것을 찾는다. 유의할 점 두 가지를 말하면, 첫째, 무릎을 꿇은 상태에서 내가 원하는 것을 얻으면 자세를 바꾸지 말 것이며 엎드린 상태에서 얻은 경우 등도 같다. 둘째, 내가 원하는 것을 얻으면 그 요점에 머물되 앞으로 나아가려는 조바심을 갖지 말고 충분히 만족할 때까지 머문다."(《영신 수련》 76항)

그리고《영신 수련》두 번째 항에서 그는 수련을 지도하는 사람이 묵상해야 할 줄거리의 의미를 자세히 설명해 주는 것보다, 수련 받는 관상하는 사람이 자신의 추론이나 하느님에 의해 이해가 밝혀져서 더 많은 즐거움과 영적 열매를 얻는다고 말했다.

"우리 영혼을 가득 채우고 만족시키는 것은 많은 것을 아는 데 있지 않고 어떤 것을 내적으로 느끼고 맛 들이는 데에 있기 때문이다."(《영신

수련》 2항)

물론 이러한 글에서 그는 관상기도를 어떤 경지에 이른 것으로 취급하지 않는다. 그가 다루는 것은 수도 생활의 여정 안에서 기도 수련의 목표 지점을 구성하는 것이다. 그것을 위해서 성인이 권고하는 것은 하느님께서 사도적 영혼에게 허락하고자 하시는 고양이나 당신과의 일치의 은총에 그 영혼을 준비시키는 것이다. 이냐시오 성인이 이러한 활동을 권장하는 것은, 이러한 활동을 즐기기 위해서가 아니라, 자신에게 맡겨진 소명을 수행하면서 사도적 사랑을 더욱 효과적으로 펼치기 위해서이다.

나달Nadal은 예수회에 적합한 '행동 방식'에 관하여 완전한 사랑과 하느님과의 완전한 사랑의 일치에 대한 표현을 더 명확하게 밝혔다.

"그것은 명확한데, 그리스도 안에서 영혼을 차지하고, 그 영혼이 어떤 영적 특성에 의해 주님과 완전한 사랑의 일치를 이루게 하고, 교회와 교황에 대한 순종으로 그 영혼을 인도하는 것이다."[138]

호기심 배제

리바데네이라Ribadeneira는 이냐시오 성인이 라이네스Laínez에게 여러 번 "우리 주님의 일에는 수동적인 것이 능동적인 것보다 더 많다. 이것은 이 문제를 다루는 사람들이 사용하는 말이며, 이를 가장 높은 수준의 관상으로 여긴다."[139]라고 말했다고 전한다. 그렇긴 하지만 "그는 환상이나 계시, 또는 이와 비슷한 모든 것을 훌륭하게 언급"했다.

하느님께서 이러한 것들을 주신다면, 그것은 두려움과 겸손, 감사와 정숙한 마음으로 받아야지, 결코 바라는 마음으로 받아서는 안 된다. 이냐시오 성인은 믿음이 가볍거나 약한 사람들을 걱정시키고 속이는 경우가 많은 환상, 황홀경, 또는 계시에 대한 모든 호기심, 욕망, 또는 부러움의 감정을 차단했다. 이 점에서 그는 자신의 현명함과 성인들의 조언을 따랐다. 이런 특이한 현상은 피해야 하며 의심스러운 것으로 간주해야 한다. 성인은 항상 견고하고 완전한 덕성, 기도와 고행, 영적인 일에서 우리 주 하느님과 친밀해지는 것, 겸손, 사랑, 인내, 자기 비움, 하느님의 영광과 영혼의 도움에 대한 열의에 뿌리를 내리는 것에 대해 말했다.

천사적 신비신학

이냐시오 성인은 활동 속에서의 관상적인 태도를 자기 언행을 통해서 장려한다.[140] 베드로 가니시오 San Pedro Canisio 성인의 훌륭한 협력자 중 한 명인 니콜라스 플로리스 신부P. Nicolás Floris에게 "우리 아버지 하느님께서는 우리 백성이 이 문제를 천사들과 비슷한 방식으로 진행한다는 점을 크게 칭찬하신다."라는 말씀을 상기시켰다.¹⁴¹ 플로리스 신부는 눈물의 은사가 없음을 괴로워했고, 이냐시오 성인은 그에게 완덕을 위해 중요하고 충분한 것은 슬픔의 눈물이 아니라, 다른 사람을 돕고 하느님을 섬기는 일에서 나타나는 사랑을 보존하는 것이라고 말했다.

여기서 성인은 천사들이 무엇을 하는지를 모범 사례로 들었다. 천사들은 사람들이 죄를 짓지 않고 하느님을 공경하게 할 수 있으며, 그 반대의 일이 일어나도 그들은 슬픔에 빠지지 않으며, 그들의 활동에서 하느님의 모습에 대한 관상을 잃지 않는다는 것이다.¹⁴²

이러한 사실로 인해 영성 신학자들은 이냐시오의 신비신학을 천사적이라고 부르며, 소위 '케루빔'이나 '세라핌' 신비신학과 구별한다. 그의 하느님과의 일치는 인간의 구원과 성화를 위한 열정과 활동을 통해 그를 하느님께로 인도하기 때문이다. 이러한 이유로 이냐시오의 신비신학은 봉사의 신비신학으로도 여겨진다.¹⁴³

이냐시오 성인은 예수회원이 모든 것에서 하느님을 찾는 데 익숙해지기를 바랐다.¹⁴⁴ 그는 지극히 거룩한 하느님의 뜻에 따라 모든 것 안에서 우리 주 하느님을 찾고 가능한 한 피조물에 대한 사랑에서 벗어나 만물의 창조주께 사랑을 바치며, 모든 피조물 안에서 하느님을 사랑하고 하느님 안에서 모든 피조물을 사랑한다(회헌 288항 참조). 나달도 그것이 이냐시오 카리스마에 합당한 은총이며, 또한 수도자로서 자신의 소명을 따르는 사람들을 위해 준비한 은총이라고 생각했다.¹⁴⁵

> **마음에 새기기**

- 하느님께 우리에게 좋은 것이 무엇인지 구하고, 경건하고 겸손한 애정으로 마음을 높여야 한다.
- 우리는 "더 많은 선한 생각과 거룩한 영감이 들어오도록 영혼의 문을 사방으로 열어 두고 충분한 공간을 제공해야 합니다."라는 이냐시오 성인의 조언에 귀를 기울여야 한다.
- 항상 정직하고 순수한 의도로 지극히 거룩하신 하느님께 봉사하고 보편적인 선을 위해 일해야 한다.

주

1 루이스 데 라 푸엔테 신부는 1554년 바야돌리드Valladolid에서 태어나 1624년 바야돌리드에서 사망했다. 1759년 클레멘스 13세에 의해 그의 미덕은 영웅적이라고 선언되었다. 그의 묵상은 오늘날에도 여전히 출판된다. 이 책의 프롤로그는 살레시오 회원 첫 번째 총회에서 권고문으로 발표된 것이었다.

2 르네 드 모미니 신부는 1837년에 태어나 1918년에 사망했다. 여기에 인용된 작품은 1905년 파리에서 출간되었으며, 1916년에 이미 11판이 나왔다.

3 로마 6,1-4; 8,1-16 참조.

4 《교회 헌장》 16항 참조.

5 《교회 헌장》 16항 참조.

6 L. BOUYER, *Introducción a la vida espiritual: Manual de Teología ascética y mística*, Barcelona Herder, 1964, p.257(ed. orig.: Introduction à la vie spirituelle, Paris - Tournai 1960).

7 바오로 사도는 그리스도의 비밀이 인간의 지각을 뛰어넘는다고 말한다(에페 3,18 이하 참조).

8 Mandamientos, X, 1, 5.

9 이를 두고 바오로 사도는 "우리는 그리스도의 마음을 지니고 있습니다sensum Christi habemus."(1코린 2,16)라고 말할 것이다.

10 그리스도인은 성령의 인도를 받도록 자신을 내어 맡기기 위해 성령을 받았다(로마 8,14 참조).

11 1코린 12,27-31; 에페 4,7-16; 《교회 헌장》 12항 참조.

12 'Orationis forma', nn.8-12, AAS 82(1989) pp.362-379.

13 M. LAPORTE, 'Guigues II', Dsp., t.6, col.1175.

14 Cf. E. VON SEVERUS - A. SOLIGNAC, 'Meditation', Dsp., t.10, col.913.

15 Cf. A. DEBLAERE, 'Meditation' in Dsp., t.10, cols.1516-1521 y M. GOOSSENS, cols.914-919.

16 Cf. M. SAUVAGE, 'Meditation', Dsp., t.10, cols.919-921.

17 *Metodi di orazione mentale*, Genova, 1948. 이는 이탈리아어로 여러 판이 나왔고, 오늘날까지 여러 언어로 번역되었다.

18 'EPISTULA AD TOTIUS CATHOLICAE ECCLESIAE EPISCOPOS DE QUIBUSDAM RATIONIBUS CHRISTIANAE MEDITATIONIS: Orationis formas' in AAS 82(1990) pp.362-379.

19 'Homilía en honor de santa Teresa', AAS 75(1983) P.256.

20 나는 방법에 영향을 줄 수 있는 근본적인 태도를 강조했다.

21 Cf. St. Irenaeus, *Adversus haereses*, 5, 8, 2-3.

22 *Ad Trifonem* 8, 2.

23 Cf. 'Lectio divina', en Dsp., t. 9, 471-492.

24 Cf. *Verbum Domini*, n. 87.

25 위의 책, n. 124.

26 《영신 수련》 73-74항 참조.

27 위의 책, 83-90항 참조.

28 "나의 모든 의향과 내적, 외적 행위가 순전히 하느님께 대한 봉사와 찬미를 지향하도록 우리 주 하느님께 은총을 구하는 것이다."(《영신 수련》 46항).

29 J. M. GARCÍA LOMAS, 'La oración de meditación en los Ejercicios: su sentido y su dinámica interna', *Manr* 65(1993) pp.5-17; J. M. GRANERO, 'La meditación ignaciana', *Manr* 41(1969) pp.255-264.

30 G. PERRET, 'La composition de lieu', Christus 52(2005) pp.228-235.

31 《영신 수련》 54, 199항 참조.

32 L. CLASSEN, Die Übung mit den drei Seelenkräften, im Ganzen der Exerzitien, *Ignatius von Loyola. Seine geistliche Gestalt und sein Vermächtnis*, 1536-1956, Würzburg, Echter Verlag, 1956, pp.263-300; J. Ph. ROOTHAAN, 'De ratione meditandi', en *Opera spiritia I*.

Ph. Roothaan, Rome, Curia Generalizia S.I., 1936, pp.223-258.

33   Cf. San AMBROSIO, PL 16, 271; San GREGORIO DE NISA, *De virginitate*, 2; San GREGORIO NACIANCENO, PG 59, 605; G. CUSSON, *Experiencia personal del misterio de salvación*, Madrid, 1973; H. HOLSTEIN, 'La contemplation des mystères de la vie du Christ', *Christus* 2, 1955, pp.451-465.

34   Cf. A. T. GUILLÉN, 'Contemplación', en *DEI*, Bilbao Santander, Mensajero - Sal Terrae, 2007, pp.445-452; M. RUIZ JURADO, 'La contemplazione ignaziana: scopo e valore spirituale', en *Valgono ancora per l'uomo e la donna d'oggi gli Esercizi Spirituali di sant'Ignazio?*, Roma, Pomel, 1998, pp.61-73; A. SPADARO, 'Gli occhi dell'immaginazione negli Esercizi di Ignazio di Loyola', *Rassegna di teologia* 35(1994) pp.687-712.

35   Cf. K. RAHNER, 'La doctrine des sens spirituels du Moyen-âge en particulier chez saint Bonaventure', *RevAscMyst* 14(1933) pp.263-299; A. QUERALT, 'L'attuazione dei sensi interni e la purificazione della fede,' en *Mistica e misticismo oggi*, Roma, 1979, pp.526-549.

36   E. LEPERS, 'L'application des sens. Exercises' nn.121-126, *Christus*, n.124 hors série(1984) pp.99-110.

37   J. CALVERAS, Los cinco sentidos de la imaginación de los Ejercicios, *Manr* 20(1948), pp.47-70 y pp.125-136.

38   J. FONT, 'Algunos aspectos psicológicos del tercer ejercicio... haciendo tres coloquios' *Manr* 55(1983) pp.87-89.

39   Cf. E. HERNÁNDEZ, 'Sobre el ⟨resumen⟩ en los Ejercicios', *Manr* 22(1950) pp.30-42 y *Miscelánea Comillas* 14(1956), pp.21-22.

40   J. CALVERAS, *Los tres modos de orar en los Ejercicios espirituales de san Ignacio*, Barcelona, Librería Religiosa, 1951.

41   Cf. S. RENDINA, 'La preghiera negli Esercizi ignaziani. Metodi di preghiera proposti negli Esercizi', en *Appunti di spiritualità* 53, Napoli, CIS, 2002.

42   Cf. J. CALVERAS, 'El primer modo de orar', *Manr* 14(1942) pp.165-175; C. COUPEAU, 'Una alternativa ignaciana poco utilizada: Tres modos de orar', *Manr* 81(2009) pp.157-166; A. TEJERINA, 'Modos de orar', en *DEI*, pp.1279-1283.

43   J. CALVERAS, 'Los tres modos de orar en los Directorios de Ejercicios', *Manr* 17(1945) pp.123-144,

44　Cf. J. GARCÍA DE CASTRO, 'Consideración', en *DEI*, pp.410-413.

45　Cf. J. CALVERAS, *Los tres modos de orar en los Ejercicios espirituales de san Ignacio*, Barcelona, Librería Religiosa 1951.

46　M. BALLESTER, 'Métodos orientales del control respiratorio y tercer modo de orar ignaciano', *Manr* 54(1982) pp.167-173.

47　W. KROLIKOWSKI, *Contemplación para alcanzar amor. Il suo pos-to e senso negli Esercizi spirituali. Prospettive attuali*, Roma, PUG 2005; J. ITURRIOZ, 'Coloquio del primer ejercicio y contemplación para alcanzar amor', *Manr* 51(1979) pp.165-171.

48　Cf. St. THOMAS AQUINAS, *Summa Thelogica*,I. q.93, a.2.

49　십자가의 요한 성인, 방효익 역,《영가》, 서울, 기쁜소식, 2009, 98쪽.

50　J. A. GARCÍA RODRÍGUEZ, 'Mi Padre trabaja siempre. El trabajo de Dios por mí en la contemplación para alcanzar amor', *Manr* 68(1996) pp.47-60.

51　십자가의 요한 성인, 방효익 역,《영가》, 258쪽.

52　J. ITURRIOZ, 'Dios en todas las personas. En torno al cuarto punto de la contemplación para alcanzar amor', *Manr* 49(1977) pp.229-248.

53　십자가의 요한 성인, 방효익 역,《영가》, 65쪽.

54　위의 책, 73쪽.

55　Cf. 'carta a Antonio Brandão', *Epp*. 3,506-513, n.7.

56　J.A. GARCÍA, 'El mundo como "diafanía" de Dios', *Manr* 81(2009), pp.243-255.

57　Cf. I. IGLESIAS, 'La contemplación para alcanzar amor en la dinámica de los Ejercicios Espirituales', *Manr* 59(1987) pp.373-387; A. DUCHARME, 'La contemplation Ad amorem', *CahSplgn* 9(1985) pp.161-166.

58　Santa TERESA DE JESÚS, *Vida*, c. 11; cf. San JUAN DE LA CRUZ, *Subida al Monte Carmelo*, 2, 12-14.

59　예수의 데레사 성녀, 최민순 역,《영혼의 성》, 1,1,3. 바오로딸(2024, 4판) 30쪽 참조.

60　위의 책, 1,1,6 참조.

61　위의 책, 1,2,14 참조.

62 위의 책, 2(하나의 장) 참조.

63 위의 책, 3,1-2 참조.

64 위의 책, 4,1-4 참조.

65 Cf. Santa TERESA DE JESÚS, 'Camino de perfección', CE, c. 36.

66 Cf. San JUAN DE LA CRUZ, Obras completas, 6.ed., Madrid, Ed. Espiritualidad, 2009, pp.141-142; 164-173.

67 Cf. Subida al monte Carmelo I, 2-3; Noche oscura, Prólogo al lector.

68 Dichos de luz y amor, n. 127.

69 Dichos de luz y amor, n. 118.

70 Cf. San JUAN DE LA CRUZ, Obras completas, op.cit., pp.140-141.

71 Cf. ibid., pp.142-147.

72 Cf. Noche oscura, II, 11-15 y 1, 9.

73 Noche oscura, II, 5,1-6

74 Ibid., II, 20-21.

75 《영혼의 성》, 6,3 참조.

76 2 Sub., 22,5. 12.

77 Ibid., 22,16.

78 Cf. ibid., 22,19.

79 Noche oscura, II, 23,11;《영혼의 성》, 6,3,12-16 참조.

80 Cf., ibid., I, 10, 2-3.

81 Cf. Noche oscura, I, 9, 3.

82 Cf. ibid., I, 9, 8-9.

83 Cántico espiritual B 37,1. 그는 직접 이 성경 본문을 회상한다. "영원한 생명이란 홀로 참 하느님이신 아버지를 알고 아버지께서 보내신 예수 그리스도를 아는 것입니다."(요한 17,3), ibid., 37,1.

84 St. Teresa, *Libro de la Vida Libro de las misericordias de Dios*, 22,1.

85 《가르멜의 산길*subida del mante carmelo*》, I,13,3; II, 7.

86 그것에 대해 로욜라의 이냐시오 성인은 이렇게 썼다. "주님께서는 종종 우리의 영혼을 열어서 이런저런 일을 하도록 움직이고 강요하십니다. 즉, 소리 없이 영혼 안에서 말씀하시며, 모든 사람을 당신의 신적 사랑으로, 그리고 우리를 그 인식 능력으로 끌어올리십니다. 우리가 원하더라도 우리는 저항할 수 없습니다." 이냐시오 성인은 '인식 능력'이라는 단어로 구체적인 결정, 내용을 언급하고 있다. 이 내용은 받아들일 때 반드시 우리를 "계명, 교회의 가르침, 장상들에 대한 순명, 그리고 모든 겸손으로 충만하게 만듭니다. 왜냐하면 같은 하느님의 영이 모든 사람 안에 있기 때문입니다."라고 성인은 말하며, 하느님께서 우리에게 남겨둔 맛에 빠지면 적이 그분께서 우리에게 전달하신 것에 무언가를 더하게 하여 우리를 혼란스럽게 하고 당황하게 만들 때 우리가 빠질 수 있는 속임수에 대해 경고한다. (*Epp.* 1, 106-107;《영신 수련》336항 참조).

87 글의 제목이 《영적 찬가*Cántico espiritual*》이다.

88 En la declaración(al comienzo): Canción 23,2.; 십자가의 요한 성인, 《영적 찬가》 제23노래, 2, 이어지는 노래에 대한 개요.

89 *Vida*, Ibid., 22,9.

90 1코린 10,31 참조.

91 San IGNACIO, '*Obras*', BAC maior 104, Madrid, 2013, p.807.

92 '*Historia de un alma*', Ms C, 25r-v.

93 A. VALTIERRA - R. DE HORNEDO, *San Pedro Claver, esclavo de los esclavos.*, Madrid, BAC, 1985, p.33.

94 ,M. RUIZ JURADO, *San Francisco de Borja. Diario espiritual*(18 de mayo de 1566), Mensajero Sal Terrae, Bilbao - Santander, 1997, p.279; cf. *ibid.*, Estudio introductorio, pp.26-29.

95 *Ibid.*, p.249.

96 *Ibid.*, pp.249-250.

97 'Hom'. 6 '*De precatione*', PG 64, 463.

98 *Const.* S.I., III, 1, n.288.

99 'Tratado de la oración y meditación', 2. parte, c. 5, citado en F. CERRO A. BOTE- G.

CARRASCO, *De raíces de árboles*, Obra Social Caja de Extremadura, Cáceres, 2012, p.157.

100 Cf. M. RUIZ JURADO, *15 días con Francisco de Borja*, Madrid Ciudad Nueva, 2004, pp.47-51.

101 San Pedro de Alcántara, *Tratado de la oración y meditación*, I parte, cap. XII, segundo aviso, citado en *De raíces de árboles, op. cit.*, p.142.

102 Cf. J. J. SURIN, *Catéchisme spirituel de la perfection chrétienne*, Paris, 1801, c. 2, pp.7-8; ID., *Lettres spirituelles*, I, p.189.

103 Santa TERESA, *Vida*, 17,7.

104 San PEDRO DE ALCÁNTARA, *op. cit.*, II, c. 4, tercero y quinto aviso. 154 y 1555.

105 Cf. *ibid.*, II, c. 4, sexto aviso, 155-156.

106 《영신 수련》 2항.

107 Cf., San JUAN DE LA CRUZ, *Dichos de luz y amor*, nn.3-11.

108 C. ESPINOSA, 'Psicología de las Adiciones, Obra de Ejercicios, Madrid 1966; A. GUILLEN, Las adiciones en los Ejercicios en la vida ordinaria', *Manr* 69(1997) pp.147-155.

109 F. MANRESA, 'Andando siempre a buscar lo que quiero', *Manr* 69(1997) pp.105-116.

110 Ph. BOULON, 'Sur la place du corps dans les Exercices', *CahSpirIgn* 19(1995) pp.32-37.

111 J. CALVERAS, *Examen de la oración. Declaración y práctica de la quinta adición de los ejercicios de san Ignacio*, Barcelona, 1940, y Manr 8(1932) pp.3-27.

112 《영신 수련》 79항; 78-81; 83-87항 참조.

113 위의 책, 22항 3호 참조.

114 위의 책, 83-84; 86항 참조.

115 위의 책, 87항.

116 위의 책, 89항 참조; Cf. Constitución Apostólica 'Paenitemini', *AAS* 58(1966) pp.178-183; M. GIULIANI, 'Faire pénitence', *CahSpirlgn* 8(1984) pp.29-35; Et. LEPERS, 'La pénitence dans les Exercices spirituels', *Christus* 30(1983) pp.219-231.

117 Carta a Teresa Rejadell, 15-11-1543, en *Obras de San Ignacio*, BAC maior, Madrid (2013), 701,3. Cf. carta a los estudiantes de Coimbra, 7-5-1547, *ibid.*, 727,3.

118 'S. *Francisco Borja*' en *MHSI*, 41, Madrid, 1911, t.5, pp.78-79.

119 En Tratado de la oración y meditación, 2.ª parte, c. 5, primer aviso, citado en *De raíces de árboles*, *op. cit.*, p.158.

120 예수의 성녀 데레사, 최민순 옮김,《영혼의 성》, 5,3,7-8. 173-174쪽 참조.

121 위의 책, 7,4,12. 374쪽 참조.

122 Cf. san IGNACIO DE LOYOLA, Obras, Madrid, BAC maior, 2013, pp.781-783, en la carta dirigida a san Francisco de Borja para que la comunicara a los PP. de Gandía que habían manifestado esas opiniones; M. RUIZ JURADO, 'Un caso de profetismo reformista en la Compañía de Jesús, Gandía 1547-1549', *AHSI* 43(1974) pp.217-260.

123 Santo TOMÁS DE AQUINO, *Summa Theologica* II-II, q. 83, a. 1; san JUAN DAMASCENO, *De fide ortodoxa*, lib. 3, c. 24.

124 'Cartas', en san IGNACIO DE LOYOLA, *Obras, op. cit.*, 782, 7°.

125 'Cartas', en *Obras*, 903, 2.

126 'Cartas', en *Obras*, 903, 2.

127 L. GONZÁLEZ, 'Contemplativos en la acción. En la escuela de los Ejercicios ignacianos', *Manr* 59, 1987, pp.389-403; J. STIERLI, 'Gott in allen Dingen finden. Im Geiste des Ignatius von Loyola', en *Der verbrannte Dornbusch*, München, 1984, pp.105-112.

128 *Epp.*, 3, pp.506-513, en el n.7.

129 Jerónimo NADAL, *Scholia in Constitutiones S.I.*, Granada, ed. crítica, 1976, pp.159-160.

130 회헌 583항.

131 Cf. 'carta a san Francisco de Borja del 20 de septiembre de 1548', n. 4., en *Obras*, Madrid, BAC maior, (2013), p.757.

132 회헌 723; 790항 참조.

133 위의 책, 424; 638항 참조.

134 위의 책, 596; 598; 601; 631; 638-640; 812-813; 824항 참조; cf.,'carta' 29,2 en *Obras*, 713.

135 'Instrucción sobre el modo de proceder de 1551', en *Obras*, 817,3 B.

136 회헌 제4부 제2장 참조; 특히 621항과 631항 참조.

137 《영신 수련》 1; 16; 157 참조.

138 Mon. *Nadal* V, pp.724-725.

139 Pseudo Dionisio, De *divinis nominibus*, c. 2 (PG 3, 648), cf. *Fontes narrativi* 4, pp.746-747.

140 M. RUIZ JURADO, 'Ignacio de Loyola', en *Diccionario de mística*, Madrid, San Pablo, 2002, pp.880-883.

141 *Obras*, 880. 그는 자신의 일기에서 주님께서 그에게 "미사를 거행하는 임무를 위해 천사처럼 걷거나 되어야 한다."라는 것을 이해하게 하셨다고 언급한다(ibid., 333, n. 141); Cf. M. RUIZ JURADO, 'La oración de san Ignacio en su *Diario espiritual*, *Manr* 84(2012) pp.63-77.

142 1553년 11월 22일 자 플로리스 신부에게 보낸 같은 편지에서, en *Obras*, op. cit., carta 102. Cf. *Fontes. narrativi* II, 476, n.24.

143 J. DE GUIBERT,.'*La spiritualité de la Compagnie de Jésus*', IHSI, Roma 1953, pp.163-170; 350-352; 583; 'Mystique ignatienne. À propos du Journal spirituel de saint Ignace de Loyola', *RAM* 19(1938) pp.3-22; 113-140; L. MENDIZABAL, 'introducción a *San Ignacio de Loyola. Autobiografía y Diario espiritual*, BAC minor 74, Madrid 1992, p.204.

144 *Obras*, 807, n.7.

145 Mon. *Nadal* V, pp.162-163.